H. Jordan

Capitol, Forum und Sacra Via in Rom

H. Jordan

Capitol, Forum und Sacra Via in Rom

ISBN/EAN: 9783744657549

Hergestellt in Europa, USA, Kanada, Australien, Japan

Cover: Foto ©ninafisch / pixelio.de

Weitere Bücher finden Sie auf **www.hansebooks.com**

CAPITOL, FORUM

UND

SACRA VIA IN ROM

VON

H. JORDAN.

―――――

MIT EINER LITHOGRAPHIRTEN TAFEL.

――― ―――

BERLIN,
WEIDMANNSCHE BUCHHANDLUNG.
1881.

Vorwort.

Die Ergebnisse der Ausgrabungen auf dem Capitol, dem Forum und der Sacra via in Rom verdienen nicht blos die Aufmerksamkeit der Gelehrten von Fach: auch den weiteren Kreisen der Gebildeten müssen und können sie zugänglich gemacht werden. Die vorliegende Darstellung, welche diese Aufgabe zu lösen versucht, schliesst sich der Form nach einem von mir im Frühjahr d. J. in Hamburg gehaltenen Vortrage an, durfte sich aber die Grenzen weiter stecken und tiefer in die Einzelheiten eindringen, als dies in kurz bemessener Zeit thunlich war. Die beigegebene von mir entworfene Planskizze ist dieselbe, welche ich, lediglich zur Veranschaulichung der mündlichen Erörterungen, meinen Zuhörern in die Hand gegeben habe. Der im Druck befindliche Schlussband meiner Topographie wird sie durch einen den Anforderungen der Wissenschaft entsprechenden Plan ersetzen und den gelehrten Beweisapparat vollständig vorlegen.

Königsberg, im November 1880.

H. Jordan.

1*

Capitol, Forum und Sacra via.

In der Zeit des Wiedererwachens der Wissenschaften erwachte in den Italienern auch die brennende Lust, mit den Büchern der alten Schriftsteller in der Hand sich in dem Zaubergarten der epheuumsponnenen Ruinen Roms Weg und Steg zu bahnen; zu erforschen, welche Götter in diesen Tempeln gethront, wo das Volk Ciceros Reden vernommen, wo die Kaiser der Welt Gesetze gegeben hatten. Bald regte sich der Gedanke, den Trümmern zugleich mit dem Kranz mittelalterlicher Legenden den Laubschmuck vom Haupte zu reissen, zugleich mit der Hülle falscher Ueberlieferungen die Decke des Bauschutts der Jahrhunderte hinwegzunehmen. Aber die Begeisterung, die solche Gedanken erzeugt hatte, die Begeisterung der Tage Rafaels, sollte bald erstarren. Erst im Ausgange des vorigen und zu Anfang dieses Jahrhunderts hat der allgemeine Aufschwung des wissenschaftlichen Lebens und ganz besonders die von Winckelmann und Niebuhr ausgehende Bewegung dazu gedrängt, die Pläne der Renaissance in reiferer Gestalt wieder aufzunehmen.

Allein ihre Ausführung ist innerhalb der Grenzen, welche den Leitern und Förderern derselben zuerst gesteckt waren, nur unvollkommen gelungen: Lust, Kraft und Geldmittel einzelner Gelehrter, vornehmer Gönner, der päpstlichen Regierung vermochten nur Stückwerk zu leisten. In der That war es eine Aufgabe, welche nur auf dem Boden eines grossen nationalen Staatswesens gelöst werden konnte, und sie ist gelöst worden von dem wieder erstandenen Italien. Fast scheint es, als ob diese Thatsache bei uns in Deutschland noch unbekannt geblieben sei. Andernfalls würde anstatt der Verkleinerungen und Schmähungen, welche auch in achtbaren öffentlichen Blättern gegen die 'archäologischen Zustände' des neuen Roms verbreitet werden, statt der uns wenig anstehenden Einmischung in die häuslichen Angelegenheiten und persönlichen Zwistigkeiten desselben wohl ein Wort des Dankes vernommen worden sein, den die gebildete Welt der energischen und glücklichen Lösung einer so hohen wissenschaftlichen Aufgabe schuldig ist. Sie schuldet ihn reichlich in erster Linie den für diese Aufgabe begeisterten Männern, welche jeder in seiner Weise das Werk gefördert haben oder noch fördern, insbesondere Pietro Rosa, Giuseppe Fiorelli und Ridolfo Lanciani.

Freilich gilt es, diesen Entdeckungen gegenüber die Erwartungen nicht zu hoch zu spannen und das Ziel, dem sie uns näher bringen, scharf ins Auge zu fassen. — Ein wüster und hässlicher Trümmerhaufen ist vor unsern Augen blosgelegt worden, dem nur mühsam die Frucht wissenschaftlicher Erkenntniss abzuringen ist, ein Trümmerhaufen, der sorgsam durchmustert, zunächst Kunde giebt von der Art der Zerstörung, die ihn geschaffen hat. Es sind nicht die Ueberreste plötzlich durch Erdbeben umgestürzter Bauten; nicht hat die schützende Decke des Aschenregens Formen und Farben in ihrer ursprünglichen Frische erhalten. Vollständiger als elementare Ereignisse es vermögen, hat jahrhundertlange menschliche Arbeit das Zerstörungswerk ausgeführt. Aber nicht diejenige Zerstörung meinen wir, welche vom 5. bis zum 7. Jahrhundert bei den wiederholten

Plünderungen Roms durch germanische Stämme wohl
einzelne Baudenkmäler, aber zumeist den dekorativen
Schmuck der Stadt, den Reichthum an edlen Metallen
betroffen hat: vielmehr wissen wir heut, dass das 'glück-
liche', d. h. wiederhergestellte Rom des 6. und 7. Jahrhunderts, ja in gewissem Sinne noch das Rom Karls des
Grossen im Wesentlichen noch das der Zeit der Antonine
gewesen ist. Wohl hatte schon damals der christliche
Kultus seinen Sitz in einer grossen Anzahl der zweck-
und namenlos gewordenen antiken Bauten aufgeschlagen:
aber dieser Akt der Besitzergreifung hat mehr conser-
virt als ruinirt; wohl hatte der Vandalismus einzelne
unbenutzt dastehende Gebäude der besten Zeit ganz oder
theilweise abgebrochen, um mit dem kostbaren Material
klägliche Neubauten zu errichten oder zu zieren —
ein Vandalismus von dem übrigens die ersten Beispiele
schon das 3. Jahrhundert aufweist — bereits starkes
Unheil angerichtet: aber die klassische Zeit der Zerstörung, in welcher nicht allein aller Marmor, Statuen
und Reliefs, Säulen und Wandbekleidungen in jene Kalk-
gruben wanderten, welche erst neuerdings wieder auf
dem Forum, an der heiligen Strasse und in den Kaiser-
palästen mit den zersplitterten Resten ihrer Opfer auf-
gefunden worden sind, die Zeit in welcher selbst die
Kalkstein- und Tufquadern von den aus Gussmasse be-
stehenden Mauerkernen der Tempelunterbauten abgeris-
sen, ganze Gebäude auf diese Weise Stein für Stein
abgetragen worden sind, diese Zeit hebt wohl erst mit
der Epoche Karls des Grossen an. Es sind die Jahrhunderte wilder Ritterfehden und Volksaufstände, in
denen mit den Reliquien des alten Roms Thürme und
Barrikaden gebaut, sie vertheidigt, gestürmt und nieder-
geworfen wurden, bis die alten Strassen unter den
Trümmern verschwanden und die grosse Fläche der jetzt

wieder blossgelegten Hauptplätze des öffentlichen Lebens
einem einzigen Steinbruch glichen: mühsam suchten sich
zwischen den Höhen und Tiefen hinweg die päpstlichen
Prozessionen und die Pilgerzüge ihre Pfade. — Dieser
Prozess hatte im 13. Jahrhundert sein Ende erreicht.
Die Zeiten wurden friedlicher, die Kultur hob sich aufs
Neue, man richtete sich in der Wildniss so gut ein wie
es gehen wollte: Aufräumungen, Zuschüttungen und Her-
richtungen von Wegen fanden statt. Die rastlos wuchernde
Vegetation überzog die Ruinen, Nutzgärten wurden kul-
tivirt: das Capitolium war zum Ziegenberge, das Forum
zum Ochsenfeld geworden. Einzelne Gewaltige, wie Six-
tus V., sorgten durch massenhaftes Auffahren von Schutt
und Boden dafür, dass die Thäler sich füllten, und die
Staatskarossen und Festzüge sich bequem über den
Trümmern der mittelalterlichen Zerstörung hinweg. be-
wegen konnten. So entstand jene bis 12 m und mehr
mächtige Schuttdecke über dem Forum und der heiligen
Strasse, und auf ihr jene schnurgrade Ulmenallee vom
Titus- nach dem Severusbogen, unter deren wohlthätigem
Schatten wir bis zum Jahre 1870 spazieren und über
den Lauf der antiken Strassen, die Lage der antiken
Gebäude unter unseren Füssen gelehrte Vermuthungen
aufstellen, widerstreitende Meinungen diskutiren durften.

In diesen Wandelungen der Jahrhunderte, welche
wir uns in wenigen Strichen zu zeichnen begnügen müssen, liegt die Erklärung dafür, dass ausser den beiden
Triumphbögen des Titus und Severus, den aufrecht-
stehenden Säulen des Saturn- und Vespasianstempels am
Capitol, des Castortempels am Palatin und den in Kirchen
verwandelten antiken Gebäuden längs der Nordseite des
Forums und der Sacra via, aus der künstlich aufgeschüt-
teten Schuttmasse nur jener, wie gesagt wüste und häss-
liche Trümmerhaufen wiedererstanden ist; aber es sind

doch die Trümmer des bis zur Zeit Karls des Grossen im Ganzen wohlerhaltenen kaiserlichen Roms in ihren Hauptlinien, wir möchten sagen ein steinerner Grundriss, an dem die menschliche Zerstörungswuth zu Schanden geworden ist. — Es ist seit Niebuhr als die Aufgabe topographischer Forschung erkannt worden, über die Feststellung der Lage von Oertlichkeiten und Gebäuden und die Bestimmung ihrer Namen hinaus die geschichtliche Entwicklung derselben und in dieser Entwickelung die Geschichte der Grundformen zu finden, welche das öffentliche Leben der Kulturvölker sich geschaffen hat. Aber es ist auch nöthig, die Grenze aufzusuchen und festzuhalten, die hier der wissenschaftlichen Erkenntniss gesteckt ist und über welche hinaus jenes unerschöpfliche aber nutzlose Spiel mit Vermuthungen beginnt, welches diesen Zweig der Wissenschaft, dessen Fundament Philologie heisst, in den Augen auch verständiger Laien mit Recht herabgesetzt hat. Wenn wir es erreichen zu zeigen, dass in den Trümmern des Forums der Zeit Karls des Grossen mit Sicherheit die wesentlichen Züge seiner Gestaltung zur Zeit Cäsars erkannt werden können, wenn wir weiter hinaufsteigend mit Wahrscheinlichkeit nachweisen können, welche Hauptveränderungen seit den Zeiten der punischen Kriege derselben vorangegangen sind, so werden wir es uns dagegen versagen müssen, auch nur in Umrissen das Forum der Zeit der Decemvirn oder gar der Tarquinier zu zeichnen.

Das Ausgrabungsfeld, dem unsere Betrachtung gilt, erstreckt sich vom Titusbogen im Osten bis zum Juppitertempel auf dem Capitol im Westen. Dasselbe gliedert sich in drei auch in alten Zeugnissen scharf gesonderte Theile: die heilige Strasse oder *sacra via*, das Forum (mit dem Comitium), und den Juppitertempel mit der

[Allgemeiner Ueberblick, Nivellement.]

vom Forum zu ihm hinansteigenden Fahrstrasse, nach
alter Ausdrucksweise *Capitolium* und *clivus Capitolinus*.
Das Forum stösst im Westen an die capitolinische Fahrstrasse beim Saturnustempel, dergestalt, dass der hoch-
gelegene Tempel der Concordia mit Vorhalle und Vorplatz, ehe auf diesem der Severusbogen errichtet wurde,
ans Forum grenzte; im Osten scheidet das Forum von
der heiligen Strasse der Ehrenbogen der Fabier, dessen
Reste vermuthlich noch unter dem jetzt als Kommuni-
kationsstrasse dienenden schmalen Schuttstreifen begraben
liegen, welcher sich von S. Maria Liberatrice nach SS.
Cosma e Damiano hinüber erstreckt. Die Angabe, dass er
zwischen dem Faustinentempel und den diesem gegen-
überliegenden Vestatempel, dessen kreisrunder Unterbau
neuerdings aufgedeckt worden ist, gestanden habe, lässt
diese eine kleine Ungenauigkeit der alten Ortsangabe
voraussetzende Annahme zu, ja sie fordert dieselbe des-
wegen, weil auf dem westlich von jenem Schuttstreifen
aufgedeckten antiken Boden, der genau zwischen jenen
Tempeln liegt, keine Spur des Bogens zu finden ist,
während er doch nachweislich die Zerstörungen des 10.
und 11. Jahrhunderts überdauert hat und noch im 16.
bedeutende Reste desselben 'gegenüber dem Faustinentempel' aus dem Schutt hervorgezogen worden sind.
Bezeichnen diese Punkte die Längenausdehnung des Forums, so ist dessen Breite einstweilen noch nicht mit
Sicherheit bestimmbar, weil die Gebäude der Nordseite
noch unter dem Schutt begraben liegen. Doch wird sich
eine wahrscheinliche Vermuthung darüber unten finden
lassen. — Die antike Pflasterung ist auf der ganzen
Fläche des Ausgrabungsfeldes, mit Ausnahme des höheren
Theils der capitolinischen Fahrstrasse, aufgedeckt. Sie
besteht durchweg aus den von den Römern überall zum
Strassenbau verwendeten unregelmässig geformten Basalt-

lavastücken. Nur der freie Platz des Forums ist mit
rechteckigen Kalksteinplatten getäfelt und dadurch seine
später zu·erörternde besondere Bestimmung angezeigt.
Diese Pflasterung ist, sowie sie da wieder aufgedeckt
worden ist, wahrscheinlich nicht älter als die Zeit Constantins des Grossen, mit Ausnahme eines kleinen Stücks
unmittelbar vor dem Saturntempel, dessen bedeutend
grössere sorgfältiger geglättete und haarscharf gefugte
Steine jedem die viel ältere, ja die Arbeit der besten
Zeit der Technik, etwa die Zeit des 1. Jahrhunderts
v. Chr. verrathen. Aber es zeigen sich auch überall
Ausbesserungen viel späterer Zeit: sie sind namentlich
an der ganz barbarischen Verwendung von marmornen
Architektur- und Skulpturresten zur Ausfüllung der Löcher
kenntlich und mögen noch bis zur Zeit Karls des Grossen immer wieder ergänzt worden sein. — Wie allerwärts
und zu allen Zeiten so haben auch hier die Neupflasterungen die Erhöhung des Niveaus herbeigeführt, jedoch,
wie zufällige Entdeckungen gezeigt haben, an verschiedenen Stellen in verschiedenem Masse. Während nehm-
lich das jetzige Pflaster der heiligen Strasse bei der
Basilica Constantins über zwei älteren Pflasterungen,
und zwar fast 2 m über der ältesten liegt, so liegt
an der Ostseite des Castortempels nur $\frac{1}{2}$ m unter dem
jetzigen Pflaster ein anderes, das als das Pflaster
der Zeit Cäsars betrachtet werden darf. Mit andern
Worten, das Niveau des Forums hat sich in den Jahr-
hunderten seit seiner Umgestaltung durch Cäsar sehr
wenig verändert, dagegen ist die ursprünglich starke
Steigung des östlichen Endes der heiligen Strasse durch
spätere Aufschüttung weiter westlich gemindert, oder wie
der technische Ausdruck lautet 'die Steigung eingeebnet'
worden. — Das Nivellement des Forums lehrt uns nun,
dass jetzt die Fläche desselben von dem westlichen Ende

am Anfang der capitolinischen Strasse bis zum Castortempel leise geneigt ist, vom Castortempel bis zu dem
östlichen Ende am Fabierbogen wieder ansteigt. Wir
werden später zeigen, dass die östliche kleinere Hälfte
des Forums, auf welcher der Cäsartempel steht, durch
späte und späteste Umgestaltungen so verändert worden
ist, dass ohne gründliche Untersuchungen, besonders ver-
suchsweise zu machende Terrainbohrungen, die Gestaltung dieses Theils des Platzes, wie sie zur Zeit Cäsars
gewesen sein muss, nicht festgestellt werden kann. Die
westliche grössere Hälfte dagegen hat solche Umgestaltungen nicht erfahren. Wir müssen daher annehmen,
dass die Neigung der Fläche derselben nicht erst durch
die Neupflasterungen entstanden, vielmehr alt ist; müssen aber annehmen, dass sie nicht etwa zufällig oder
durch die Unfähigkeit der Baumeister entstanden ist,
sondern dass sie beabsichtigt war. Es versteht sich von
selbst, dass man die Fläche des Forums so gut hätte
wagerecht legen können, wie die fast in der ganzen
Länge desselben anliegende Fläche des Fussbodens der
Basilica Julia. Der Zweck der Neigung, welche etwa
1 m auf 100 beträgt (man betritt die Basilica an
ihrer Ostecke auf 6 Stufen, an ihrer Westecke nur noch
auf einer), war offenbar die rasche Abführung der durch
Platzregen sonst leicht auf dem Platze sich ansammeln-
den Wassermassen in die jetzt freilich nicht mehr vorhandenen Abzugslöcher, welche ehemals in der Nähe
des Castortempels und an der Ostseite der Basilica Julia
in die hier von verschiedenen Seiten in einen noch
vorhandenen Hauptstrang zusammenlaufenden unter-
irdischen Kloaken mündeten. Hier war das 'untere
Forum'; als 'Haupt' desselben galt das westliche Ende,
an welchem auf den Wurzeln des capitolinischen Berges
der Saturn- und der Concordientempel die Fläche über-

ragten. Vielleicht haben noch bis in die Zeit Ciceros
hinein an einer oder mehren Stellen diese Kanäle wie
die grosse Kloake Athens offen gelegen und sind erst
in späterer Zeit überwölbt und überpflastert worden.
So allein wenigstens dürfte es sich erklären, dass in
älterer Zeit von einem doch wohl sichtbaren 'Kanal' am
Forum und scherzhaft von 'Kanalbewohnern' die Rede ist
und dass eine Venuskapelle von der Kloake, bei der sie
stand, den Namen der Kapelle der 'Kloakenvenus' führte.

Schon vor den Ausgrabungen der neuen Aera stand [Die Ge-
die Benennung der in Trümmern erhaltenen Gebäude an bäude am
der West- und Südseite des Forums fest. Es ist sicher, Forum der Zeit des Augustus.]
dass der grosse Unterbau hinter dem Severusbogen dem [Die West- u. Südseite.]
von Tiberius erneuerten Concordientempel 'zwischen Capi-
tol und Forum', der Unterbau mit der noch erhaltenen
Vorhalle von 8 jonischen Säulen dem Saturntempel gehört; dann folgt die Basilica Julia, von der der Fussboden und die Reste der Pfeiler, Bögen und Halbsäulen
erhalten sind, dann der Unterbau und die Marmorsäulen
des Castortempels. Zwischen den Concordien- und den
Saturntempel ist später der Tempel des Vespasian und
Titus hineingezwängt und dadurch nicht allein ein ehemals freier und zu einem wichtigen Geschäftszweige der
Staatsverwaltung dienender Platz um die Hälfte verkleinert
sondern auch der von diesem aus zugängliche Hauptein-
gang zu dem capitolinischen Tabularium verschlossen
worden. Nur bodenlose Willkür hat an diesen in allem
Wesentlichen schon von dem italienischen Architekten
Canina gefundenen Benennungen der zum Theil noch jetzt
mit ihren Widmungsinschriften versehenen Gebäude zu
rütteln versucht. Die neuen Ausgrabungen haben nun [Die Ost-
den Unterbau des Tempels freigelegt, welchen Augustus seite.]
'auf dem Forum' seinem unter die Götter versetzten

Vater Cäsar, dem nunmehrigen Divus Julius, an der
Stelle errichtete, wo dessen Leiche verbrannt worden
war. Es steht fest, dass dieser Platz, ein Theil des
wie wir sahen bis zum Fabierbogen im Rücken des Tempels
reichenden Forums, seit der Zeit der gracchischen Revo-
lution der Schauplatz von Volksversammlungen war, zu
welchen man stets von der alten Rednerbühne an der
Nordseite des Forums (über welche wir später handeln),
von den Stufen des Castortempels sprach. Dass dieses
untere Stück des Forums von dem grösseren oberen in
dieser Zeit sollte durch jene Fahrstrasse getrennt gewesen sein, welche jetzt beide Theile trennt, ist nicht
wahrscheinlich. Aber dasselbe gilt von der Zeit des
Augustus. Denn dem Tempel ist in seiner dem Capitol zu-
gewendeten Front statt der üblichen Treppe jene 'Rednerbühne des Tempels des Divus Julius' quer vorgelegt,
'vor welcher auf dem Forum' im J. 9 v. C. die Tribus-
versammlung das quinctische Gesetz votirte. Da diese
Versammlung nicht auf dem kleinen Platz östlich der
Strasse stehen konnte, auch nicht auf dem grossen Platz
westlich derselben, in einer Entfernung von mehr als
20 m von dem auf der Bühne stehenden Beamten und
Redner, so hätte sie, und hätten andere Versammlungen,
die hier tagen sollten, die Fahrstrasse mit benützen müssen; eine Einrichtung welche Niemand für die augusteische
Zeit wahrscheinlich finden wird. Dazu kommt nun, dass
die ganze Pflasterung und die Trümmer rings um den
Cäsartempel die Spuren der spätesten Umwandelungen an
sich tragen. Unzweifelhaft spät und zwar schwerlich
vor der Zeit des völligen Verfalls der Bautechnik, lange
nach der Zeit Constantins des Grossen, ist der Kalkstein-
plattenbelag des Platzes an der Südseite des Tempels.
Hier sind nämlich die Werkstücke wie Holzbohlen in
schräg ansteigender Richtung auf die den Tempel um-

laufende unterste Marmorstufe aufgelegt und verdecken
sie. Es ist ferner sicher bezeugt, dass 'neben' dem Tempel
ein dem Augustus geweihter Triumphbogen stand. Von
diesem findet sich aber rings um den Tempel nicht eine
Spur, statt dessen aber an seine Nordseite angeklebt die
Ruine eines christlichen Gebäudes etwa des 7. oder 8.
Jahrhunderts. Es ist also klar, dass diese späten Umbauten den Zustand des Platzes, wie er bei Errichtung
des Tempels war, völlig verändert haben und es kann
demnach jene Querstrasse ebenfalls späten Ursprungs sein.
Diese Möglichkeit wird sich in Gewissheit verwandeln,
wenn wir unten sehen werden, dass durch eine Strassen-
verlegung die Einmündung der alten heiligen Strasse ins
Forum von ihrer ursprünglichen südlichen Richtung in die
nördliche gedrängt hat. Die Erbauung des Tempels also hat
einen erheblichen Theil des alten republikanischen Forums
seinem ursprünglichen Zweck entzogen und spätere Bauten
haben diese Umgestaltung noch ausgedehnt: sie haben
die grosse Fläche des Forums in zwei ungleiche Hälften
zerschnitten. — Der erhaltene Unterbau bietet den besten
Beleg für die zu Anfang geschilderte Methode der Zerstörung. Es ist nichts übrig als der aus Betonmasse
bestehende Kern desselben und ein Stück der Tufquader-
verkleidung desselben an der Front der Rednerbühne.
Doch sieht man namentlich längs der Südseite noch
deutlich die Eindrücke der jetzt fehlenden Werkstücke
der Verkleidung. Von dem ehemaligen Marmorschmuck
ist nur die zum grossen Theil durch die Kalksteinplatten
des Platzes überdeckte unterste Schwelle, vielleicht auch
ein Eckstück des Giebelfeldes erhalten. Ursprünglich
war der Tempelunterbau und die Cella sicherlich ganz
mit Marmorplatten belegt und hatte Marmorsäulen. Der
Aufgang fand wahrscheinlich vom Forum aus durch Seiten-
treppen statt, welche zu der Rednerbühne führten, und

erst von dieser gelangte man über mehrere Stufen in
der ganzen Breite des Gebäudes zu dem höher gelegenen
Tempel. Dass dieser selbst ein Peripteros von 6 Säulen
in der Front gewesen ist, ist jetzt von sachkundiger
Seite festgestellt; zweifelhaft bleibt es, wieviel Säulen er
in der Seite hatte.

Die Tempel des Saturn und des Castor sind Grün-
dungen der frühesten republikanischen Zeit und haben
ihre Stellung nie verändert: sie bieten uns also die
Gewähr, dass auf dieser Seite das Forum, 'an dem'
sie standen, seine Grenze nicht verändert hat. Indessen
sind sie ursprünglich, der eine sicher, der andere wahrscheinlich, kleiner an Umfang und niedriger gewesen.
Ihre Erweiterung und Erhöhung bei Gelegenheit von
Umbauten seit der Zeit Ciceros hat die Verschiebung
ihrer Treppen zur Folge gehabt und somit eine wenn
auch geringfügige Verengung des Forums oder der an
ihm herlaufenden Strasse. Auch der zwischen beiden
stehende Riesenbau, die von Cäsar angelegte und von
August erweiterte Basilica ist, und zwar vielleicht um
die Breite der noch jetzt erkennbaren Aussenhalle längs
der Strasse, vor die ältere republikanische Grenze, welche,
wie wir sehen werden, durch Läden gebildet wurde,
vorgerückt.

[Die Nord-
seite.] Können wir uns so über die West-, Süd- und Ostseite des Forums und ihre Veränderungen genau Rechen-
schaft geben, so ist dies nicht der Fall bei der Nordseite, welche zum grössten Theil noch unter dem Schutt
begraben liegt. Denn wenn auch ein Stück des Pflasters
vor dem Faustinentempel und ein weiteres vor dem
Severusbogen offen liegt, so wäre doch der Schluss, dass
beide zu einer von jenem nach diesem Punkt gerichteten
schnurgeraden Strasse gehören, welche im Norden den

freien Platz des Forums begrenzt hätte, wie die offen
liegende im Süden, durchaus unrichtig, obwohl er bis
heut der gangbaren Ansicht zum Ausgangspunkt dient.
Die Topographen ziehen eben, wie sehr treffend bemerkt
worden ist, mit Vorliebe überall durchs Ungewisse grade
Linien, ohne zu bedenken dass jede zwei Punkte in
Wirklichkeit auch durch ungrade verbunden werden
können. Einer solchen scheint diese Strasse in der
That gefolgt zu sein. Sie lief vom Faustinentempel west-
wärts in der Richtung der Front desselben eine Strecke
weiter, bog aber dann in die Strasse des freien Platzes
einspringend hakenförmig nach Süden aus und lief nun
bis zum Severusbogen parallel der Front der Kirche
S. Adriano weiter. Die offenbare Rücksichtnahme auf [Die Curie.]
die Orientirung dieser Kirche beweist allein, dass diese
mindestens in ihren Grundmauern ein antikes Gebäude
ist: es folgt dasselbe ebenfalls aus der von dem fran-
zösischen Architekten Dutert mit Glück verwertheten
Beobachtung, dass die Axen der sogenannten Kaiserfora·
im Westen und Norden der Kirche, des Forums des
Cäsar (dessen Ueberreste auf unserer Planskizze ange-
deutet sind), des Augustus, des Domitian (Nerva) und
des Trajan, sämmtlich parallel den Axen der Kirche
liegen. Diese Gründe kommen entscheidend zu den andern
hinzu, denen zufolge man in der Kirche S. Adriano
das von Caesar begonnene, von Augustus vollendete neue
Rathaus, die Curie vermuthet hatte. Der verwickelte
und lediglich an der Hand von zerstreuten Litteratur-
zeugnissen zu führende Beweis gipfelt in den Sätzen,
dass die Senatskanzlei, welche Augustus 'anstossend
an die Curie' erbaute und welche seit der Restau-
ration der letztern durch Domitian den Namen der
Schutzgottheit dieses Kaisers führte und 'Minervenhof'
(*atrium Minervae*) hiess, in der im Mittelalter

noch nicht durch eine Strasse von jener Kirche getrennten
Kirche S. Martina steckt, und dass noch im 5. Jahrhundert der Janustempel des Numa, dessen Stelle östlich
vor dem Severusbogen sicher ist, 'vor der Curie' stand.
Diese Bestimmung der Kirche ergiebt zugleich mit Nothwendigkeit die Lösung der Frage nach dem Comitium:
die Curie Cäsars stand auf oder an demselben.

[Das Comi-
tium.] Es steht wiederum fest, dass das Comitium vom
Forum räumlich geschieden war, aber an dasselbe an-
grenzte. Comitium und Forum bilden eine Einheit, wie
Capitolium und Burg, aber eine Einheit von zwei sich
ausschliessenden Raumbegriffen. Man fragt z. B. was
sich auf dem Forum in der Volksversammlung zugetragen
und geht dann aufs Comitium zur Gerichtsverhandlung.
Eben so sicher ist es, dass das Comitium niemals seinen
Platz gewechselt hat, und dass das Rathhaus von jeher
am Comitium gestanden hat. Hier stand die älteste
Curie, deren Bau die irrige Deutung des Namens *curia
Hostilia* Tullus Hostilius zuschrieb, hier der Neubau des
Dictators Sulla, der in Material und Stil wie in den
räumlichen Verhältnissen seiner hohen Bestimmung gewiss
so würdig gewesen ist wie das gleichzeitig errichtete noch
erhaltene Tabularium der seinigen; hier nach dem Brande,
der sie doch vielleicht nur beschädigte, die Curie des
Faustus Sulla und endlich nach deren gewaltsamer Zerstörung durch Cäsar der von diesem begonnene, von
Augustus vollendete Neubau, die *curia Iulia*. Da wir
wissen, dass an der Stelle des Gebäudes des Faustus
ein Tempel der Felicitas errichtet wurde, so ist damit
gesagt, dass Cäsars Bau, der zwar von Domitian restaurirt,
aber niemals zerstört worden ist und den Untergang des
Reiches erlebt hat, an einem andern Ort des Comitiums
errichtet wurde. Auf die einstweilen jeder sichern Unter-

lage entbehrenden Vermuthungen darüber ob die Curie
des Faustus genau an der Stelle der des Dictators
Sulla, diese genau an der Stelle der hostilischen gestanden
habe, brauchen wir hier nicht einzugehen: immerhin darf
es als wahrscheinlich betrachtet werden, dass Cäsar die
Curie dem Forum näher gerückt hat, die älteren weiter
zurück, d. h. nördlicher oder westlicher gestanden haben.
Diese Ansicht stützt sich ausser anderem auf die Annahme, dass Cäsar durch den Bau eines eigenen Forums
genöthigt gewesen ist den Platz des Comitiums nach der
bezeichneten Richtung hin einzuschränken. Aber ihn zu
verrücken oder anders zu orientiren war er schon durch
die Inauguration des Platzes ebenso verhindert, wie diejenigen, welche die Tempel des Saturn und Castor umbauten, an der zum Theil unbequemen Stellung derselben
Nichts ändern durften. Erwiesen ist hiermit nicht allein
die Lage des Comitiums der Zeit Cäsars sondern auch
die des alten Comitiums: es lag, wie sich nach den
schriftlichen Zeugnissen erwarten liess, ausserhalb des
Forums, stiess aber an den westlichen Abschnitt der
nördlichen Langseite desselben an. Die beschriebene
Nordstrasse, wann immer gebaut — wir haben das
weiter unten zu erörtern — biegt also vor der Kirche
S. Adriano aus, weil sie hier der Grenzlinie des cäsarischen Comitiums folgt. An ihrem Nordrande liegen
noch jetzt beim Severusbogen Kalksteinplatten, welche
wir als zur Täfelung des Platzes des Comitiums gehörig
betrachten dürfen. — Ist es Mommsen's Verdienst, gegen
eine dreihundertjährige falsche Tradition das Comitium
von dem Ostende des Forums nach dem Westende unter
dem Capitol versetzt zu haben, so ist doch seine Annahme, dass es weit in den Platz des Forums hineingriff
und ein Theil des Forums war, schon dem Sprachge-
brauch gegenüber unhaltbar. Es ist seitdem aus andern,

aber freilich nicht eben stichhaltigen Gründen richtig an den von uns auf Grund der erhaltenen Reste nachgewiesenen Platz versetzt worden. Die nähere Bestimmung der Grenzen des Comitium kann erst durch weitere Aufdeckungen des Bodens gelingen. Wenn allerneuestens gemeldet wird, dass man in der Via Bonella und der Via della salara vecchia, also in den westlich und nördlich die Kirche S. Adriano umlaufenden Strassen, auf antiken, aus 'Platten' gebildeten Fussboden gestossen ist, der 13,70 m über dem Meer, also gegen 2 m höher als die Fläche des Forums liegen soll, so ist einstweilen, und namentlich da eine nähere Angabe über die aufgegrabenen Stellen fehlt, noch nicht auszumachen, ob dieser Fussboden, wie man denken sollte, zum kaiserlichen Comitium gehört.

Den zwischen dem Comitium und dem Faustinentempel bleibenden Raum, auf welchem jetzt noch Magazingebäude stehen, haben wir uns durch die Basilica Ämilia ausgefüllt zu denken, auf welche wir später zurückkommen müssen. Damit ist auch die Nordgrenze des Forums mit Wahrscheinlichkeit ermittelt.

[Comitium und Forum. Rathhaus und Rednerbuhne.] Wie es unter den 'Versammlungshäusern' oder, wenn man das Wort allein befragt, 'Häusern' (*curiae*), von Alters her nur eines giebt, welches Staatshandlungen dient die unter Dach und Fach vorgenommen werden müssen, das Rathhaus (*curia* schlechthin, wohl ursprünglich *curia in comitio*), so giebt es von Alters her innerhalb der Stadt nur einen berechtigten Platz für das 'Zusammenkommen' der unbewaffneten Bürger unter freiem Himmel zum Zweck seiner verfassungsmässigen Willensäusserung durch Stimmabgabe: es ist .'das Comitium', dessen Name allein schon diese seine Bestimmung ausser Zweifel stellt; ausserhalb der Stadt

tritt das Volk in Waffen auf dem Uebungs- und Spiel-
platz, dem Marsfelde, zusammen. Das Comitium ist zugleich ursprünglich die allein zulässige Gerichtsstätte.
Die Alten wissen nicht anders, als dass das ihm zur
Seite liegende Forum sowohl dem Marktverkehr als den
Gerichtsverhandlungen und Volksversammlungen dient.
Sie haben dabei eine verhältnissmässig späte Zeit, sicherlich diejenige vor Augen, in welcher die Plebs sich
bereits als ein Staat im Staate mit eigenen Beamten und
entscheidenden Versammlungen konstituirt und den Kampf
gegen die vom Rathhaus aus dominirende Geschlechter-
herrschaft aufgenommen hatte.

Zwei wichtige, wenn auch schon im Alterthume aus
ihrem Zusammenhange gerissene, von den Neueren unter-
schätzte Nachrichten bezeugen, dass in den späteren
Stadien dieses Kampfes, als die römische Plebs bereits
zur Vorhut der italischen Rebellion geworden war,
ein kühner Agitator die Volksversammlung 'aus dem
Comitium auf die 7 Morgen des Forums' hinaus führte
und die Redner von der Rednerbühne nicht mehr zum
Comitium sondern zum Forum gewendet sprachen. Es
ist dieselbe Zeit, in welcher die Volksversammlung
— auch das ist bezeugt — am östlichen Ende des Markts
vor dem Castortempel zu tagen pflegte, und die Redner,
wie oben bemerkt worden ist, um zu ihr zu sprechen,
auf die Stufen dieses Tempels, statt auf die Rednerbühne stiegen; dieselbe Zeit in der die neu geschaffenen
Geschwornengerichte ihre Schranken und Sitze und mit ihnen
die Prätoren ihre Richterstühle hier aufschlugen, in un-
mittelbarster Nähe des Tempels der Schutzherrn des zur
Macht gelangten Ritterstandes, des Castor und Pollux,
weit entfernt von dem Vorplatz der Beamtenkammer,
des Rathhauses. Vor dieser Umwälzung hat das Forum
wahrscheinlich als Sammelplatz des Volkes gedient. Hier

harrte es am Tage der Beschlussfassung bis der Herolds-
ruf vom Comitium her erscholl und es 'hineinrief' zur
Abstimmung; hier mochte es amtliche Mittheilungen entgegen nehmen, Reden hören und die Candidaten der
Aemter mustern. Die wachsende. Zahl der stimmbe-
rechtigten Bürger mochte sich schon längst nicht mehr in
die Umfriedigung des Platzes hineinzwängen lassen und
so erscholl der Ruf, 'hinaus aufs Forum', den die
politische Agitation zu dem ihrigen machte. Dass wir
diese Entwickelung nur bruchstücksweise und ungenau
kennen, hindert nicht die scharf hervortretenden Haupt-
momente derselben in den Gang der Verfassungsgeschichte
einzureihen. Dass in den ältesten Zeiten nur das Comitium,
nicht das Forum der eigentliche Ort der Willensäusserung
des Volks, soweit es ohne Waffen tagte, gewesen ist,
dafür scheint uns ausser dem Namen *comitium* auch die
Inauguration dieses Platzes als Templum, die noch später
jährlich wiederholte Amtshandlnng des Nachfolgers der
Könige, des Opferkönigs, auf demselben und die Ein-
friedigung dieses Platzes zu sprechen. Die Verlegung
der handelnden Volksversammlung auf das Forum hat
zur Folge gehabt, dass auch dieses zur Zeit der Handlung gegen Unberechtigte gesperrt, d. h. dass die 'Zu-
gänge des Forums', die einmündenden Strassen durch
Schranken oder Seile gesperrt, die auf den Platz sich
öffnenden Läden geschlossen wurden.

[Die Redner-
bahne.]
Wie die Könige, wie die ersten Beamten der Re-
publick auf dem Comitium oder dem Forum zum Volk
gesprochen haben mögen, wissen wir nicht. Aber seit dem
J. 416 d. St. giebt es in Rom eine steinerne Rednerbühne,
vorn geziert mit den Schiffsschnäbeln, *rostra*, der im
Triumph tiberaufwärts eingebrachten Galeeren des Feindes, der auf ihre Fortuna stolzen, von Rom wenige

Stunden entfernten Seestadt Antium. Sie führt seitdem und bis zum Untergange des Reichs in der Sprache der Staatsurkunden wie des Volkes den Namen Rostra. Sie stand nahe an der alten Curie auf dem Comitium, aber wie dieses selbst auch nahe am Forum. Eine breite Bühne, zum Auf- und Niedergehen eingerichtet — man mag sich erinnern wie heut in den Kirchen Roms die Fastenprediger auf erhabener Bühne gehend zu den Gläubigen sprechen — wurde sie bald auch der Sitz und Mittelpunkt der Ehrendenkmäler des römischen Volks und seiner verdientesten Bürger, der 'in die Augen fallendste', der 'erlauchteste Ort'. Sie hat gestanden bis Cäsar sein neues Rathhaus, nicht an der Stelle des alten, baute. Es ist unzweifelhaft hauptsächlich dieser Neubau, der ihn veranlasste, die alten Rostra abzubrechen und sie — mit all dem alten Ehrenschmuck an Bildsäulen und Gedenktafeln — an einem andern Ort wieder aufzurichten: dieser Ort ist das obere Ende des Forums und dort steht noch heute, fast die ganze Breite des Forums einnehmend, der kolossale Rest eines etwa 5 m tiefen und ursprünglich 25 m langen Quaderbaus, der schon seiner Lage wegen unzweifelhaft als der Rest der cäsarischen Rednerbühne betrachtet werden muss. Nicht zufällig ist denn auch gerade in seiner unmittelbaren Nähe eine grosse Anzahl von Ehrendenkmälern gefunden worden, die auf diesem gewaltigen Unterbau Platz hatten, unter ihnen die Unterschrift der Bildsäule des Stilicho, die selbst besagt, dass sie auf den Rostra gestanden, und die berühmte Inschrift der von Duilius nach der Seeschlacht bei Mylae auf die alten Rostra gesetzten Ehrensäule, oder vielmehr deren Nachahmung aus der Zeit des Augustus. Diese ist uns ein redendes Zeugniss dafür dass Augustus, als er den von Cäsar projektirten oder schon ausgeführten Neubau der Bühne fertig stellte, beschädigte oder durch die Zeit unansehnlich gewordene Denkmäler der glorreichen Vorzeit von solcher Bedeutung durch neue Exemplare zu ersetzen beflissen war. Sie durften so wenig auf dem Forum vermisst werden wie die Reliquien der Romuluslegende auf dem Palatium. — Dass jene Ruine der Rest der cäsarisch-augustischen Rednerbühne ist, lässt sich aus dem schriftlichen Zeugnissen zwar sogut wie sicher erweisen. Aber eine schöne Bestätigung dafür hat uns die treffende Beobachtung eines italienischen Architekten geliefert, dass die Paare von tief in den Stein gearbeiteten Löchern, welche an der Façade gegen das Forum sichtbar sind, zur Aufnahme der mächtigen Zapfen dienten, welche die Last der vorspringenden Schiffsschnäbel trugen. — Zwar war ihr gerade gegenüber in dem Vorbau des oben geschilderten Cäsartempels eine Nebenbuhlerin erstanden, die auch äusserlich, durch den Schmuck der Schnäbel der in der Schlacht bei Actium genommenen Schiffe, ihr ähnlich sah, allein von Anfang an ist diese neue, die 'Rostra des Tempels des Divus Julius', nur zur Benutzung in Ausnahmefällen bestimmt gewesen und hat der alten in ihrer Eigenschaft als der Rednerbühne für Staatshandlungen nie ernstlich Concurrenz gemacht. 'Die Rostra' heisst die geschilderte cäsarische Bühne am obern Ende des Markts, ohne dass Zweideutigkeit befürchtet worden wäre, noch in der Zeit des Verfalls; bis in die letzten Tage des Reichs erscheint darauf der Kaiser von seinem Hofstaat umgeben, um zu einer Versammlung von Barbaren zu reden; noch neuerdings ist in ihrer nächsten Nähe das Marmorpostament einer ältern Reiterstatue gefunden worden, auf dessen Seitenfläche eine in verkehrter Richtung neu angebrachte Inschrift verkündet, dass dieser Stein nunmehr 'der Treue und Tapferkeit der ihren Herren

Arcadius, Honorius und Theodosius ergebenen Soldaten
nach Beendigung des Gotenkrieges' geweiht sein sollte:
so sorgte man auch damals noch dafür, dass die Bühne
mit ihrer Umgebung blieb, was sie gewesen war, der
'sichtbarste Ort'.

Auf dem Markte wollen die Bürger sich nicht blos [Marktver-
zusammenfinden, wenn es zur Abstimmung in der Ver- kehr, Läden,
sammlung oder vors Gericht geht, wenn es gilt die Basiliken.]
Candidaten für Staatsämter in Augenschein zu nehmen
oder sich über die ausgehängte Tagesordnung der nächsten
Versammlung zu informiren und zu debattiren: sie wollen auch einkaufen und Geschäfte machen, nicht die
Städter allein, sondern jene Hunderte und Tausende,
welche zu den Wochenmärkten und Terminen nach der
Stadt kommen. Aber Kauf und Verkauf ist hier von
Anfang an in bestimmte enge Grenzen eingedämmt und
schrumpft je länger je mehr zusammen. Das Forum
ist auch nicht der einzige Handelsmarkt der Stadt: das
Rindvich wird auf den Ochsenmarkt aufgetrieben, Kraut
auf dem Krautmarkt vor dem Thor aufgehäuft, Fische
kann man am Quai auf dem Fischmarkt haben. Auf
diesen Märkten kaufen die Fleischer und Krämer und
besorgen ihrerseits den Detailverkauf in ihren Läden in
allen Theilen der Stadt. Aber auf dem grossen Forum
hat schon früh die Fleischerzunft einen Ehrenplatz
erworben; sie hat das Vorrecht, an den Seiten des
Marktes ihre 'Bänke', 'Scharren', 'Kästen' oder wie
sonst das deutsche Mittelalter die 'Tabernen' (d. h.
Bretterschuppen) nennt, aufzuschlagen gegen einen jähr-
lichen Pachtzins und gegen die Verpflichtung, ihre Fron-
ten nach den Vorschriften der Polizei zu schmücken, sie
während der Zeit politischer Akte auf dem Markt zu
schliessen. Fleisch ist das vornehmste Lebensbedürfniss;

es gab ferner in Rom keinen Platz von annähernd gleicher Grösse wie das Forum, keinen der die Masse des Volks täglich in solcher Zahl vereinigt sah wie dieser. Auch bedarf die Handhabung des Gewerbes kunstgerechter Kräfte, grösserer Zurüstung, als der Verkauf des zweitwichtigsten Nahrungsmittels, des Krauts in weitester noch heut gangbarer Bedeutung, sofern dies überhaupt im Laden gekauft werden muss: ganz zu geschweigen des täglichen Brods, das in älterer Zeit ein jeder sich selbst zu Hause bereitet. Natürlich bringen sie nicht lebendes Vieh zum Verkauf; am wenigsten auf diesen profanen Markt die Opferthiere, welche die Bürger alltäglich dem höchsten Juppiter auf dem Capitol darbringen. Wer diese kaufen will, muss sie am Capitol selbst auf geweihtem Boden aufsuchen. Neben den Fleischern stehen am Markt voran die Wechsler, ebensowichtig für die Städter, wie für die Landleute. Aber das Fleischergewerbe bringt Schmutz und schlechte Luft; die Holzbuden, in denen es betrieben wird, werden im Laufe der Zeit nicht eben schöner. Es liegt in dem Wechsel der republikanischen Magistratur, dass die Bedingungen für die Pachtverlängerungen verschieden gehandhabt werden, in dem Charakter dieser Bauten selbst, dass Brandunglück und Neubauten keine dekorative Einheit aufkommen lassen. Dazu kam das rapide Wachsthum der Stadt, das Entstehen einer grossen industriellen Bevölkerung. Das alles führte dazu den Fleischern die Pachtverträge zu kündigen, das ohnehin von Tag zu Tage an Bedeutung gewinnende Geldgeschäft in die frei gewordenen Stätten einrücken zu lassen und dem Fleischergewerbe nördlich vom Forum einen eigenen Verkaufsmarkt mit gekuppeltem Schlachthaus inmitten von steinernen Hallen zu erbauen, auf welchem zu grösserer Bequemlichkeit des wohlsituirten Publikums auch er-

lesene Fische und sonstige Requisite guter Diners feil
geboten wurden. Denn die Zeit der Einfachheit ist für
die Grossen auch in dieser Beziehung vorüber. Wer
statt im Familienzimmer in Gegenwart der Hausgötter
zu speisen und sich zum Nachtisch die alte Romanze
von den siegreichen Vorfahren vorsingen zu lassen, nun
es vorzieht, in eigens dazu bestimmten Salons zu tafeln
und fremdes Zitterspiel mit anzuhören, dem genügt
auch die Hausmannskost nicht mehr: er lässt sich einen
feinen Koch mehr kosten als ein stolzes Schlachtross
und schickt ihn auf den neuen Markt, um die kunstgerechte Auswahl unter den Leckerbissen zu treffen.
Dieser Umschwung vollzog sich in derselben Epoche, als
nach der Niederwerfung der italischen Stämme und des
Königs Pyrrhos der erste Akt des Kampfes gegen die
Nebenbuhlerin Karthago zu siegreichem Ende geführt
und Stadt und Volk mit den überreifen auch die reifen
und gesunden Früchte der griechischen Civilisation aufzunehmen, durch einsichtige Führer gelernt hatte. Aber
man begnügte sich nicht eine Säuberung des Forums
von altem Gerümpel vorzunehmen: das Bedürfniss unter
Dach und Fach, in luftiger, wohl gepflasterter Halle
gegen Sonnenbrand und Platzregen Schutz zu finden,
bewog um dieselbe Zeit selbst einen Verächter des
griechischen Wesens wie Cato ein zu diesem Zweck ge-
eignetes Gebäude hinter den Verkaufsbuden nach einem
griechischen, uns freilich noch unbekannten Muster, herzustellen, die griechisch benannte Basilika. Dieser
Anstoss wirkte unaufhaltsam fort. Es entstanden gleich-
artige Bauten zu beiden Seiten des Marktes; die Buden
vor ihnen verschwanden allmählich ganz und verwandelten sich in Verkaufsstände unter den Arkadenreihen
der Basiliken selbst oder sie zogen sich zurück in die
ins Forum einmündenden Gassen, besonders in die Tus-

kergasse hinter dem Castortempel. Hierher wandert
denn auch mit sauberem und unsauberem Handel die
obligate Kneipe von unzweifelhaftem Charakter, hierher
der Bedarf an Bauernfängern und Kupplern für die harm-
losen Ackerbürger und die städtischen Roués. Rein-
licher auch in dieser Beziehung war der Markt geworden: auf den Tischen der neuen Läden sieht man
neben blankem Gelde auch zierliche Bücher; freilich
ein minder begehrter Artikel: denn nicht blos die Basiliken, nein der ganze grosse Markt vom Urvater
Janus vor dem Rathhaus bis zum Tempel der Ritter
Castor und Pollux ist eine einzige Börse geworden. —
Wir beschäftigen uns hier nicht weiter mit den ersten
Anfängen der Basilikenbauten: es ist die letzte Phase
des geschilderten Entwickelungsganges, über welche die
Trümmer selbst uns Auskunft geben.

Zur Zeit des Augustus finden wir jede der beiden
Langseiten des Markts, welche aus der Zeit der sich
rasch ablösenden Budenbauten noch die Benennungen der
'alten' und der 'neuen Buden', jene die südliche, diese
die nördliche Seite, führen, besetzt von je einer grossen
Basilika. Die ganze Südseite zwischen Saturn- und
Castortempel nimmt die schon erwähnte, jetzt ausge-
grabene Julia, die Nordseite die ebenfalls erwähnte,
zwischen S. Adriano und dem Faustinentempel begrabene
Ämilia ein. Jene war ein Neubau, diese ein Umbau
der älteren Basilica Ämilia, beide durch Cäsar und
seine Freunde, besonders den Bruder des Triumvirn
Lepidus, ums J. 700 d. St. in Arbeit gegeben, später
mehrfach, die Julia noch im 4. Jahrhundert restaurirt.
Auf der antiken Darstellung des Forums aus der Zeit
Trajans, von welcher später die Rede sein wird, werden
beide Gebäude als Hallenbauten mit Bögen und Halbsäulen dorischen Stils dargestellt, und diese Architektur

hat die jetzt freigelegte Basilica Julia, wie die Trümmer
beweisen, gehabt. An dem Stil haben die späteren Aus-
besserungsbauten nichts geändert. Beide Basiliken sind
zweistöckig gewesen. Die Raumdisposition der julischen
ist noch erkennbar. Das ganze Gebäude stellt ein Rechteck dar, das an allen vier Seiten von gepflasterten
Strassen begrenzt wurde. Es gliedert sich in ein vermuthlich durch eine hölzerne Dachconstruction über-
spanntes Mittelschiff, dessen Fussboden von buntfarbigem
Marmor in drei umränderte Rechtecke getheilt war, und
in zwei diesen Hauptraum an allen vier Seiten umgebende
Umgänge, in denen der Fussboden aus weissem Marmor
besteht. Längs dem Forum läuft die breitere Vorhalle,
wahrscheinlich die sogenannte *porticus Iulia*, von der
man auf 2 Stufen zu dem eigentlichen Gebäude emporsteigt.
An der entgegengesetzten, noch nicht ganz freigelegten
Seite stehen Pfeiler, welche zu den auf dieser Seite nach
einer Strasse sich öffnenden Läden zu gehören scheinen.
Wahrscheinlich sind sie die letzten Reste der ersten
cäsarischen Bauanlage: die Restaurationen haben wesentlich die Front nach dem Forum betroffen. Die Aussenhalle und die Umgänge dienten dem Publikum zum
Spazierengehen; hier setzte sich das müssige Volk hin
und ritzte in den Fussboden jene noch erhaltenen Spiel-
figuren, Karikaturen und wohlgelungene Zeichnungen
(unter ihnen z. B. ein trefflich gezeichnetes Reiterstand-
bild) und kritzelte, was an solchen Orten zu erwarten
ist, Zurufe, Namen und nicht salonfähige Einfälle. Unter
den Arkaden der Aussenhalle standen die concessionirten
Tische der kleinen Wechsler. Der Hauptraum der
Basilica Julia war gegen die Umgänge und das darin
verkehrende Volk durch Schranken verschlossen. Er
diente zu den Verhandlungen des grössten Civilgerichts-
hofs, vor welchem die emporstrebenden Talente als Sach-

walter sich die ersten Lorbern zu pflücken pflegten. Von
baulichen Vorrichtungen für diesen Zweck, welche man
zu finden erwartet hat — Tribunale oder Apsis — ist
nichts gefunden worden und es ist unglaublich, dass der-
gleichen alles durch spätere Restaurationen beseitigt
worden wäre. Was der Hauptzweck der ämilischen und
der älteren, später abgebrochenen Basiliken in der Nähe
des Markts gewesen ist, ist nicht überliefert. Da in
dieser früheren Zeit nachweislich Gerichtsverhandlungen
jeder Art nicht unter Dach gehalten wurden, so muss
wohl, wie bereits geschehen ist, angenommen werden,
dass sie erbaut waren um längs dem freien Platz den
Tausenden von Müssiggängern einen gegen Sonne und
Regen gesicherten Aufenthalt und mancherlei Handels-
zweigen einen gesicherten Stand zu gewähren. Ob später
'Basiliken', welche sich selbst durch ihre Namen 'Geschirr-
basilica', 'Blumenbasilica' als Verkaufsbazare charakteri-
siren, in der tektonischen Form mit den Basiliken am
Forum übereinstimmten, erscheint zweifelhaft. Die bald
bejahte bald verneinte Frage, ob die christliche Basilica
ihr Grundschema der römischen entlehnt habe, dürfen
wir bei Seite lassen.

[Der freie Platz.]   Wir stellen uns den Rücken gegen den Tempel des
Cäsar und überblicken den freien Raum des Forums.
Leidlich vollständig liegt der Fussboden von Kalksteinplatten vor uns, zur Linken erhebt sich am Rande desselben eine Reihe von 8 grossen Backsteinwürfeln, jeder
etwa 4 m hoch und ebenso breit. Es sind Postamente
etwa der Zeit Constantins des Grossen, ehemals mit
Marmorplatten bekleidet: darauf standen vermuthlich
eben die Säulen, deren granitene unkannelirte Riesen-
schäfte noch jetzt an Ort und Stelle liegen; vielleicht
aber waren sie auch nicht alle gleich, sondern in Eile

— der Zeitgeschmack der damaligen Zeit gestattet diese Annahme — aus älteren Bauten zusammengestohlen. Wenigstens fand sich im Schutt ein kannelirter Marmorschaft derartig schräg gegen die eine Basis gelehnt, dass man fast denken sollte, er habe dazu gehört. Die Säulen, auf denen wohl Statuen standen, sollten die Nordseite der nach dem Capitol führenden Triumphalstrasse dekoriren, bis dahin wo zwischen den Rostra und der Ecke der Basilica der **Triumphbogen des Tiberius** sich erhob, dessen Reste zwar im J. 1850 noch vorhanden waren, aber in eben jener Zeit schmählich vernachlässigt und schliesslich durch die Fundamentirung der neuen über die Trümmer hinweg aufs Capitol führenden Fahrstrasse vollends zerstört worden sind. — Wir sehen ferner nicht ganz in der Mitte des freien Platzes die Basis einer Reiterstatue, die man voreilig für die des Domitian gehalten hat. Allein schon zur Zeit Trajans kann diese schwerlich noch gestanden haben und man fragt vergebens, wo denn die Spuren der 'Basis Constantius' seien, welche noch zur Zeit Karls des Grossen erhalten war. Ist es eben diese Basis? Wir können es noch nicht entscheiden. Weiterhin zur Linken erhebt sich auf hohem Stufenpostament eine korinthische Säule, ehemals das Wahrzeichen und zugleich das Räthsel des verschütteten Forums. Seit dem Anfang dieses Jahrhunderts liest man auf der Nordseite des Postaments wieder die Inschrift des **Kaisers Fokas**, der dieses ungeschlachte Denkmal vor die Rostra gesetzt hat. Wenige Schritte davon nördlich aber·steht aufrecht ein Denkmal, das seit seiner Entdeckung im J. 1872 eine ganze Litteratur hervorgerufen hat: es sind die **Marmorschranken des Kaiser Trajan.**

Schranken nennen wir sie, ohne zu wissen, wozu
sie bestimmt waren. Auf untergelegten und ganz roh
aneinander gerückten Kalksteinplatten, ähnlich denen,
die den Fussboden des Forums bilden, erhoben sich bei
der Aufdeckung des Denkmals senkrecht und parallel von
einander, im Abstand von 3 m, über mannshoch und etwa
5 m lang, zwei aus je mehren Stücken bestehende
schrankenartige Mauern aus weissem Marmor. Nur durch
ihre eigene Schwere hielten sie sich im Loth: sie waren
weder durch Dübel noch durch Klammern mit ihrer kläg-
lichen Unterlage verbunden. Die damalige Verwaltung
hat es für angemessen erachtet, das Denkmal zu ver-
schönern und zwischen die Unterlage und die Schranken
neue Marmorsockel zu legen. So verschönert, richtiger
verfälscht, stehen sie jetzt noch. Auf den Innenseiten
beider wiederholt sich die prächtige Reliefdarstellung
des Opferzuges von Schwein, Schaf, Stier — die Suove-
taurilien —, die Aussenseiten gegen den freien Platz
und gegen die Rostra schmücken zwei verschiedene Reliefs, beides historische Scenen, welche auf dem Forum
selbst spielen und deren Hintergrund die Hauptgebäude
des Forums bilden. Auf der Seite gegen den Platz sieht
man den Kaiser die Brandfackel an einen Haufen von
Akten legen, zu welchem Soldaten in Uniform — mit
Koppel und Seitengewehr — immer neue Stücke
hinzutragen; auf der andern steht der Kaiser auf den
Rostra und spricht zu einer über die ganze Länge des
Forums verbreiteten Menge von Männern, deren einer
noch deutlich erkennbar ein an Henkeln tragbares Buch
(den auch sonst bekannten *codex ansatus*) in der Linken
hält; unterbrochen wird die Menge in der Mitte durch
eine ideale Gruppe, den Kaiser auf dem Thron darstel-
lend, zu dem ein Weib, ein kleines Kind auf dem Arm,
ein halberwachsenes Mädchen an der Hand führend, heran-

tritt. Wir wissen, es sind zwei Gnadenakte des guten Kaisers Trajan: dort vernichtet er die Steuerrollen, hier verkündet er leibhaftig die Gründung einer Stiftung für Knaben und Mädchen, und Frau Italia legt sofort ihren Dank an den Stufen des Thrones nieder — unwillkürlich denkt man an die doppelte Handlung in Rafaels Transfiguration. — Der Hintergrund beider Reliefs soll uns nach dem geschickt ausgedachten Plan des Künstlers das Forum so vorführen, dass der Beschauer am Ostende desselben beim Castor- und Cäsartempel stehend, das Gesicht dem 'Haupte' des Forums zugewendet, einmal die Nordseite hinauf bis zur Rednerbühne, das anderemal die Südseite hinauf und an der Westseite vorbei wieder bis zur Rednerbühne den Blick schweifen lässt; daher beidemal die Darstellung des Castor- und Cäsartempels fehlt. So sieht man denn auf dem zuletzt beschriebenen Bilde links die Rostra im Profil, dahinter die Curie (S. Adriano) in der Front; dann folgt ein breiter leerer Raum — wohl das Comitium — dann eine durch lange Arkadenreihen charakterisirte Basilika, die Ämilia, dann leerer Raum — eine Strasseneinmündung? Der Faustinentempel existirte noch nicht. Das andere Bild führt uns an einer der ersten fast genau gleichen Basilica — der Julia — vorüber, dann folgt ein jonischer und ein korinthischer Tempel, zwischen beiden, aber dahinter, ein Bogen. Es sind der Saturn- und vielleicht der Concordientempel; der in die Ecke geklemmte Vespasianstempel wurde entweder nicht dargestellt, oder dieser ist der korinthische und der ebenfalls korinthische Concordientempel ist mit dem hier fehlenden Schlussstück verloren gegangen. Diese in allem Wesentlichen bereits von dem Entdecker aufgestellte und in der That unanfechtbare Deutung bestätigt zunächst unsere Meinung über die Rostra, welche die

3

Tempel am Capitol im Rücken und zur Linken — für den nach dem Forum sehenden — die Curie hatte, sie lehrt uns ferner, was wir nicht wussten, dass die Façade der Curie Domitians, also der cäsarischen, der Façade eines korinthischen Tempels glich; endlich finden wir auf beiden Bildern an der den Rostra entgegengesetzten Seite des Markts, also wo der Cäsartempel steht, jedesmal das uns aus einem Münzbilde bekannte Bild des schlauchtragenden, und mit der erhobenen Rechten ein Schnippchen schlagenden Marsyas und daneben den ehrwürdigen Feigenbaum, der seit der Gründung Roms bis in die Tage des Tacitus sein Dasein gefristet hatte und von den Priestern sorgfältig gehegt ward. Da er aber sicher neben der Curie, also am entgegengesetzten Ende des Markts stand, so sehen wir den Künstler auch hier frei erfinden: er hat vermuthlich den Rostra ein angemessenes Pendant und beiden Bildern auf diese Weise einen künstlerischen Abschluss geben wollen und hat dies für aufmerksame Beschauer auch deutlich genug motivirt, indem er den Baum, der in Wirklichkeit in einem heiligen Gitter stand, auf eine Statuenbasis gesetzt hat. Also lässt sich auch nicht mit Sicherheit der wirkliche Standort des dem Baum beidemal zur Seite stehenden, und offenbar absichtlich als Freiheitssymbol mit ihm kopulirten Marsyas feststellen. — Wozu nun diese Schranken gedient haben, ist bis heut noch durch keine Gelehrsamkeit aufgeklärt worden und wir lassen die vielen ungereimten oder nur allenfalls denkbaren Einfälle darüber auf sich beruhen: nur das steht fest, dass sie da, wo sie jetzt stehen und allem Anschein nach um dieselbe Zeit als Fokas seine Säule aufrichtete aufgestellt worden sind, nicht von Trajan hingestellt worden sind. Ihre wunderbare Errettung und verhältnissmässig gute Erhaltung inmitten der beispiellosen Zertrümmerung alles

Marmors verdanken sie offenbar der frühen Einkapselung in ein christliches Bauwerk. Man fand den Zwischenraum mit Schutt gefüllt, darüber soll ein frühmittelalterliches Gewölbe gespannt die Reste eines Thurms getragen haben. Es ist einer der wenigen unwiederbringlichen Verluste, welchen die derzeitige Ausgrabungsbehörde verursacht hat, dass wir von diesem ursprünglichen Befund eben nur dies wissen: keine sachkundige Untersuchung hat ihn meines Wissens analysirt, und eine zufällig in meine Hände gelangte, nirgend reproducirte photographische Aufnahme lässt natürlich auch ein sicheres Urtheil nicht zu.

Durch die verwirrende Vielheit der Erscheinungen [Cäsar der Neugründer des Forums.] hindurch suchen wir den leitenden Faden. Wir finden ihn in Cäsars Gedanken einer zeitgemässen Neugestaltung des altrepublikanischen Forums. Der jähe Sturz ihres Urhebers hat diesem selbst zwar die Ausgestaltung des Planes nicht mehr gestattet: aber sie ist zum Ziele geführt worden von seinem einsichtsvollen Erben Augustus, ausgeführt mit der Pietät des leiblichen Sohnes, welche, gleichviel ob seinem Kopf oder seinem Herzen entsprungen, für das zuschauende Volk in den Namen zum Ausdruck gelangte, welche er auf die Gebälkflächen der von ihm zum guten Theil ausgeführten Neubauten Cäsars eintragen liess: *basilica Iulia* und *curia Iulia*. Wir erfahren zufällig, dass im Jahre 700 Cäsar und seine Freunde die Umgestaltung des Forums eifrig betrieben. Zu den Freunden gehörte der Bruder des Triumvirn Lepidus. L. Aemilius Paullus Lepidus war damals mit dem Umbau der an der Nordseite des Forum gelegenen unter dem Doppelnamen Aemilia Fulvia im J. d. St. 575 errichteten, und im Jahre 676 durch Aufhängung von Schilden längs der

Front neugeschmückten Basilica, welche seitdem den ein-
fachen Namen *Aemilia* führt. Um dieselbe Zeit beginnt
unter desselben Namen der von Cäsar selbst dann weiter
geführte, von Augustus 'auf erweitertem Grundstück'
vollendete Bau der Basilica an der Südseite. Diese Basilica haben wir in ihren Trümmern kennen gelernt.
Man bedenke, dass damals bereits die Westseite des
Markts durch die grossartige Façade des die Breite des
capitolinischen Thals 'zwischen Burg und Capitol' ein-
nehmenden Tabularium mit seiner dorischen mit Halbsäulen geschmückten Arkadenreihe stand. Und der gleich-
zeitige Bau jener beiden Basiliken sollte nicht das Ziel
einer einheitlichen und mit der Haupt- und Hinterwand
der grossen Scene übereinstimmenden Dekoration ihrer
Langseiten im Auge gehabt haben? Sie sollten nicht
für den Markt Roms zu erreichen gestrebt haben, was
die Kleinstädte Italiens zum grossen Theil längst be-
sassen, eine Hallenumgebung des Markts, soweit eine
solche unter den gegebenen Verhältnissen herzustellen
noch möglich war? Aber als zur Zeit der Vollendung
des Werks der Halikarnassier Dionysios den Platz be-
trat, stellten sich ihm die langen Vorhallen beider Basiliken als die 'eine' und 'die andere Halle' des Marktes
dar und die Reliefs des Trajan zeigen sie als solche und
in wesentlicher stilistischer Uebereinstimmung mit den
Arkaden des Tabulariums. Jenes Ziel also hatten in
der That Cäsar und seine Freunde gesteckt und erreicht:
das Forum der Zeit des Augustus musste den wohl-
thuenden Eindruck einfacher Symmetrie und einheitlicher
Stilistik machen, wie die Piazza in Venedig. Auch heut
noch kann die wiederaufbauende Phantasie sich dieses
Bild vergegenwärtigen, wenn sie über die hässlichen
Eindringlinge der späteren Zeit, insbesondere über den
Vespasianstempel und den Severusbogen den Schleier wirft.

Aber in dieser, die wechselvolle Geschichte der
Marktphysiognomie abschliessenden dekorativen That,
welche wir aus ihren zersplitterten Ueberresten wieder
zusammenzusetzen versucht haben, lag nur die Hälfte
des reformatorischen Gedankens. Die andere, vielleicht
wichtigere, betraf die Raumentwickelung des Markts.
Es sollte der Versuch gemacht werden, 'das Forum zu
erweitern und bis an den Freiheitshof zu entwickeln'.
Das sind die unschätzbaren Worte Ciceros, die mitten
aus den praktischen Verhandlungen zur Zeit des Basiliken-
baus zu uns herüberklingen: wir meinen Cäsar und seine
Freunde über Kostenanschlägen, Entwürfen und Rissen
debattiren zu sehen. Aber erst die mit den angeführten
zusammenhängenden Worte lassen uns Absicht und Ausführung verstehen: es galt zwischen dem auf dem Marsfeld westlich vom Capitol neu zu erbauenden marmornen
Gebäude, das die Centurienversammlung aufnehmen sollte,
und dem neu dekorirten Markte eine Communication
herzustellen, welche beider würdig wäre und es der
immer begehrlicher in die Arme des Prunk- und Bequem-
lichkeitslebens eilenden Bevölkerung ersparte, durch die
engen und dunklen Gassen, die südlich und nördlich die
Wurzeln des capitolinischen Hügels überkletterten, und
durch die auf der Passhöhe dieser Strassen stehenden
alten Stadtthore sich hindurchzuwinden. Es war die
nothwendige Consequenz, welche Cäsar aus Sullas für
die Stadtentwickelung entscheidender That gezogen hat,
aus der Aufhebung des militärischen und geistlichen
Rayongesetzes, aus der Preisgebung der Befestigungs-
linie und der an dieselbe durchweg gebundenen Grenzlinie der städtischen Auspicien. — Aber wo lag der
Friedenshof? Wir können leider diese Cardinalfrage nur
annähernd lösen. Das steht fest, dass das 'Entwickeln
des Markts nach dem Marsfelde nicht über die Süd-

abhänge des Capitols führen konnte. Umstände, die
wir nicht völlig aufklären können, aber hauptsächlich
die Unverrückbarkeit des mit dem Schatzhaus verbun-
denen Saturntempels, der sich wie ein rocher de bronce
der Erweiterung nach dieser Seite in den Weg stellte,
nöthigten, die andere Alternative zu wählen und hier,
an den Nordabhängen des Berges, ist jedesfalls der Freiheitshof zu suchen. Aber auch hier standen klippen-
ähnliche Hindernisse im Wege: das unverrückbare Comitium, dahinter nördlich ein Häuserlabyrinth, das bis
zur Stadtmauer reichte. Der Wille aufzuräumen und ein
gut Stück Geld vermochten sie zu beseitigen. Es ist
sicher, dass jenes Häuserlabyrinth verschwand und dem
sogenannten 'Forum Cäsars', dem Prunkhof um den
Tempel seiner Mutter Venus Platz gemacht hat, und
dass um dieselbe Zeit der Neubau der Curie auf dem
Comitium, die Umsiedelung der Rednerbühne an das
obere Ende des Markts stattfand. Wir hatten die Vermuthung geäussert, dass Cäsars Vorschiebung der Curie
in die Nähe des Markts mit einer Beschneidung des zur
Antiquität herabgesunkenen Comitiums zusammenhängen
müsse. Es wird wohl nicht erst bewiesen werden müssen, dass Cäsar und seine Freunde nicht die Hauptbauten
des Markts beliebig hin- und hergeschoben haben wie
Kinderspielzeug; nun liegen aber die Verschiebungen auf
dem Wege, den das 'Entwickeln des Markts' nehmen
musste. Wir glauben also, dass unsere Vermuthung
nicht in der Luft schwebt. Indessen erst weitere Aufdeckungen um S. Adriano können und werden hoffent-
lich Anhaltpunkte für eine weitere Entwickelung dieser
Sätze zu Tage fördern. — Die Geschäftigkeit nach-
bessernder Hände hat die Grundzüge auch dieser Reform
Cäsars, welche einen grossen Zug der Zeit rasch erfasste
und ihm energisch die Bahn öffnete, nicht zu verwischen

vermocht. Das Rathhaus und die Rednerbühne Cäsars
bezeichnen noch heut in ansehnlichen Trümmern den
Weg, den er gegangen ist.

Aber der Sturz Cäsars führte Augustus noch auf
einen andern Weg. Auf der Stelle des Forums, wo die
Flammen den blutigen Leichnam des Vaters verzehrt
hatten, baute der Sohn jenes Heroon des vergötterten
Vaters, von dessen trauriger Ruine bereits die Rede gewesen ist. Wir sahen, dass dieser Bau zu einer Verengung des Forums geführt hat. Die stolze Pracht
dieses Baus, seine der neuen Rednerbühne zugewendete,
selbst mit dem Abbild einer solchen geschmückte Façade
machte gut, was die Verstümmelung des grossartigen
Platzes gesündigt hatte. Es war der Schlussstein, welcher in das Gefüge der Grundlinien des Forums ein-
gesetzt wurde. Der Name des *divus Iulius,* das Bild
des Vergötterten mit dem Kometen an der Stirn, drück-
ten auch dieser Seite des Markts die Signatur der neuen
Zeit auf und verdunkelten den Glanz, der das alte republikanische Eingangsthor desselben, den jetzt hinter
dem Rücken des Tempels verschwindenden Fabierbogen
bis dahin umgeben hatte.

Wir verlassen das Forum und betreten östlich von
dem Schuttstreifen welcher jetzt die beiden Ausgrabungs-
abschnitte scheidet auf bereits ansteigendem Terrain die
heilige Strasse. Hinaufsteigend haben wir zur Linken
die Rotunde SS. Cosma e Damiano, ehemals der Rund-
tempel des unter dem Namen *divus Romulus* vergötterten
Sohnes des Maxentius, den der Senat nach dem Fall des
Maxentius dem Sieger Constantin weihte; die Rotunde
ist wie ein Vogelnest angeklebt an die dahintergelegene
Basilica jener Heiligen, ebenfalls ein antikes und zwar
älteres Gebäude, wahrscheinlich die Stadtpräfectur. Es

[Die heilige Strasse.]

folgt ein wohl erhaltener frühmittelalterlicher Arkaden-
bau, und dann die ungeheuren Bögen ·der Basilika
Constantins. Wir betreten vor diesen Gebäuden dieselben
Pflastersteine, auf welche die kirchliche Legende den
christlichen Icarus, jenen Häretiker Simon, der sich der
magischen Kunst des Fluges vermessen hatte, nieder-
stürzen lässt. Dann wendet die Strasse: die moderne
Front der uralten Kirche S. Maria nova verbirgt uns
den dahinterliegenden Doppeltempel der Venus und Roma,
an den antiken Marmorstufen, welche zu dem gewaltigen
Peristyl desselben führten, gelangen wir nach dem Titusbogen. Zur Rechten starren uns, seit Kurzem aufgedeckt,
vielfach sich kreuzende Backsteinbauten, dazwischen einzelne Quadermauern, theilweise gut erhaltene Ziegelestrich-
und Mosaikfussböden, Säulenbasen und Treppenreste in
wirrem Durcheinander entgegen und begleiten uns, mehr
und ·mehr in dem noch nicht völlig beseitigten Schutt
verschwindend, bis zum Titusbogen. Südlich reicht dieser
Trümmerhaufen bis an die noch stehen gebliebene, auf
der Höhe des alten Schutts an den farnesischen Gärten
entlang führende Fahrstrasse. Auch ohne zu messen
sieht man, dass die Hauptaxen der Gebäude senkrecht
auf der Axe der Strasse stehen und dass die Fussböden
der Gebäude in mindestens drei verschiedenen, vom
Palatin her gegen die Strasse etwa je um ¼ m. absteigenden
Niveaus liegen. Es sind dem Anschein nach durchweg
Privatbauten, den Ziegelstempeln und der Bautechnik
nach aus der Zeit kurz nach Hadrian. Zu beiden Seiten
der Strasse vor den Gebäuden haben Ehrenstatuen und
andere Denkmäler gestanden: links am Tempel des Romulus
ist neuestens die Basis der Statue eines der Gordiane gefunden worden, rechts ausser manchen mit Inschriften des
3. und 4. Jahrhunderts versehenen ein merkwürdiges Ehren-
denkmal der Tarsier; auch eine halbrunde Exedra, aus älteren

Werk- und Inschriftsstücken zusammengeflickt, bekundet
hier die späte Benutzung des Raums.

Was uns also an Gebäuden längs der Strasse erhalten ist, ist nicht älter als das 2. (Südseite) oder 4.
(Nordseite) Jahrhundert. Wir können die Veränderungen
die auch diese Gegend erfahren hat aufwärts wieder bis in
die Zeit Cäsars mit Wahrscheinlichkeit zurückverfolgen.
An der heiligen Strasse kaufte man in der bezeichneten
Epoche Obst und Blumen — und was es damals und
schon früher mit dem Blumenhandel auf sich hatte,
wissen wir aus der Weihung einer Genossenschaft von
'Veilchen-, Rosen- und Kranzhändlern' an die Glücksgöttin
in Trastevere — dort sassen die Juveliere und boten
Gold- und Silberwaaren, Edelsteine und Perlen feil. Kein
Wunder wenn das der Ort war behaglich zu flaniren und
des Mädchens zu gedenken, um ihr die zierlichste Gabe
zu kaufen. Aber an der heiligen Strasse, die wir jetzt
hinaufwandeln, giebt es wenigstens, soweit die Häuser-
einrichtung erkennbar ist, keine Verkaufsläden. Wir
wissen ferner, dass die constantinische Basilica auf dem
Grunde älterer Bauten, wahrscheinlich grosser Magazine
der Zeit des Vespasian steht. Wohin hat sich der Ver-
kehr gezogen? Wir vermuthen in die Bazare auf dem
Marsfeld; dort concentrirt sich nun das Leben der kauf-
und schaulustigen, der eleganten und galanten Welt, in
Sommerszeit im Schatten von unabsehbaren Säulenhallen,
in den Laubgängen der Parks, nahe dem erquickenden
Staubregen, den die Springbrunnen, aus dem Bergquell
der 'Jungfrau' gespeist, spendeten: hier war in der That
vereint was die Pariser Boulevards und die römischen
Kaskaden, die Fontana Trevi und die Acqua Paola, den
begehrlichen Sinnen zu bieten vermögen.

Dachte wohl noch Jemand an den Ursprung des
Namens der heiligen Strasse? Am obern Ende zur Seite

erwarteten wir die uralten Heiligthümer der Laren und
Penaten zu finden. Wir können noch nicht bestimmen
ob sie zerstört sind oder ausserhalb des Bereichs der
Ausgrabungen liegen. Am untern Ende hart am Markt
musste der Vestatempel mit den Wohnungen der Vesta-
linnen und die anstossende Regia, das noch im J. 718
erneuerte Archiv der obersten geistlichen Behörde, gefunden werden. In der That kann, wie schon gesagt
wurde, kaum bezweifelt werden, dass der ärmliche, aber
ehemals, wie noch jetzt an einem werthvollen Rest zu
erkennen ist, mit Marmorstufen verkleidete Unterbau eines
alten Rundtempels östlich vom Castortempel dem be-
rühmten Vestatempel gehört. Die Barbarei hat wie wir
sahen in dieser Gegend besonders arg gewirthschaftet,
zerstörend und neu bauend. Insbesondere hat unzweifelhaft der alte Sitz der Aufsichtsbehörde des heidnischen
Kultus nach der definitiven Aufhebung desselben ein ge-
waltsames Ende gefunden und seine stolzen Marmorwände,
auf welche Augustus hatte die Beamtenlisten und Triumph-
listen eingraben lassen, wurden niedergerissen. Ihre
Trümmer sind theils in der Nähe des Vestatempels theils
weiter verschleppt gefunden worden. Es war begreiflich
dass die heutigen Römer, als sie im J. 1872 den Anfang
der Triumphallisten gefunden hatten, welche ihnen den
Sieg weiland Königs Romulus über die Caeninenser ver-
kündete, diesen vermeintlichen Grundstein ihres vater-
ländischen Ruhmes mit Lorber bekränzt auf dem Forum
ausstellten. Aber auch hier hat die Zerstörung nicht
vermocht die letzten Spuren zu verwischen. Denn nahe
an dem mehrmals genannten Schuttstreifen finden sich
unter und zwischen den jüngeren Bauten des 3. und 4.
Jahrhunderts Reste von älteren Quadermauern und Fussböden, deren Richtung von der Axe der heiligen Strasse
schräg auf den Vestatempel hinweist. Die Annahme

scheint unausweichlich dass eine Strasse dieselbe Richtung
ehemals eingeschlagen hat und noch in der Zeit einschlug
als der Cäsartempel auf dem untern Markt errichtet
wurde. Sie wird zwischen Cäsar- und Castortempel hindurch geführt haben im unmittelbaren Anschluss an die
noch jetzt offenliegende, das Forum südlich begrenzende
und weiter zum Capitol führende Strasse, welche noch
zur Zeit Constantins des Grossen als die eigentliche
Haupt- und Triumphalstrasse betrachtet und längs ihrer
Nordseite mit jenen 8 säulentragenden Postamenten geschmückt wurde, von denen oben die Rede war. In der
That, bedenkt man den Zweck den in ältester Zeit eine
Fahrstrasse über das Forum hatte und allein haben
konnte, den Zug der Götterwagen vom Kapitol herab
nach dem Circus und zurück, den durch das carmentalische
Thor in die Stadt eintretenden Triumphzug ebenfalls aufs
Capitol und beide übers Forum zu führen, so ist nur die
Südseite desselben zur Anlage einer Fahrstrasse geeignet.
Dazu kommt dass — wie dunkel auch diese Dinge sind —
die heilige Strasse die Verbindung zwischen der an der
Südseite des untern Markts gelegenen Regia und dem
obern Ende am Titusbogen vermittelte; dass eine Nordstrasse demnach zwecklos, ja wenn man die ehemalige
Bedeutung des an das Forum stossenden Comitium bedenkt, unmöglich war. Demnach ergiebt sich uns dass
die vorhandene Nordstrasse spät angelegt sein muss,
dass, als sie einmal angelegt war, die schräge Abzweigung
der heiligen Strasse aufgegeben und die Verbindung derselben mit der Südstrasse am Forum durch jene vor dem
Cäsartempel laufende Querstrasse hergestellt wurde,
welche, wie wir gesehen haben, zur Zeit der Erbauung
des Tempels nicht vorhanden gewesen sein kann. Zu
dieser Umwandlung aber muss die barbarische Errichtung
des Severusbogens vor der Front des herrlichen Con-

cordientempels und an der Stelle, wo der Altar desselben gestanden hat, unmittelbar oder mittelbar den Anlass gegeben haben. Es widerspricht dieser Annahme nicht, dass, wie wir wissen, zu dem mittleren Durchgang dieses Bogens ursprünglich Stufen hinaufführten und dass die über dieselben gelegte noch erhaltene Pflasterung erweislich nach der Zeit Constantins gelegt worden ist. Denn es konnte sehr wohl die Fahrstrasse ursprünglich bis an die Stufen geführt und jenseits fortgesetzt werden, da wir — wiederum erst seit Kurzem — wissen, dass mit dem Constantinsbogen ebenso verfahren worden ist. Nach dieser Verlegung sind die älteren, der früheren Richtung der Strasse folgenden Bauten beseitigt und darüber hinweg jüngere senkrecht gegen die neue Strasse errichtet worden. Die Zeit der Errichtung stimmt zu unserer Annahme. Welches diese Bauten waren ist einstweilen nicht zu bestimmen.

Mag dieser Versuch die Entwickelung und Veränderung der Strassenläufe zu erklären nun in allen Punkten das Richtige treffen oder nicht, das Eine ist durch die Aufdeckung der Trümmer, insbesondere durch die der älteren Bauten nahe dem Vestatempel, schon jetzt sicher gestellt, dass die heilige Strasse der republikanischen Zeit nicht in gerader Linie vom Titusbogen auf den Vestatempel zu gelaufen ist; ebensowenig kann sie ursprünglich in gerader Linie auf den nachmaligen Standort des Severusbogens zu gelaufen sein: sie hat vielmehr die Wurzeln des palatinischen Hügels bogenförmig umklammert und hat in der Nähe des Vestatempels durch den Fabierbogen ins Forum gemündet. Wiederum lassen sich die hübschen graden Linien, welche sonst unsere Forumspläne durchkreuzten, mit den widerspenstigen Steinen nicht in Einklang bringen.

Bis zu den Rostra steigt die Fortsetzung der hei- [Das Capito-
ligen Strasse längs der Südseite des Forums, wie wir lium.]
sahen, nur mässig. Hier hebt sich das Terrain und die
Strasse windet sich um die vorgeschobene Treppe des
Saturntempels in mehr als dreifach so starker Steigung
herum, bis sie die Höhe vor dem Vespasianstempel er-
klommen hat. Dann wendet sie sich südwärts und steigt
wiederum mässig längs der Westseite des Tempels weiter, verschwindet aber bald unter dem von Pius IX ge-
bauten modernen Fahrweg und den Häusern am Abhang
des Berges. Denkt man sie sich in gleicher Steigung
bis zur Höhe des Berges hinaufgeführt, so würde sie
im Rücken der Casa Lelli, des nördlich an das deutsche
Hospital anstossenden Hauses, dieselbe erreichen. Diese
Strasse ist von Anfang an die einzige fahrbare gewesen,
welche von der Stadt hinauf führte zum capitolinischen
Berge, und ist die einzige geblieben bis zum Untergange
der alten Welt. Wir haben sie bereits kennen gelernt
als die Prozessionsstrasse, welche vom Tempel des Juppiter ausgeht und zu ihm führt. Sie ist gleichzeitig der
Burgweg der Akropolis Roms. Denn das ist der capitolinische Berg: der durch senkrechte Felswände und
eine ringsumlaufende Brustwehr feste, auch nach dem
Fall der Stadt vertheidigungsfähige Sitz des Staatsheilig-
thums des grossen Juppiter auf dem einen, der Burg
im engern Sinn und der Burggöttin Juno auf dem andern Gipfel. Ein Sturmangriff gegen diese Akropolis
ist nur möglich auf dem Burgweg: er hat auch auf diesem nur geringe Aussicht auf Erfolg, da die Stürmenden
den von rechts her auf sie herab geschleuderten Ge-
schossen ausgesetzt sind. Ein solcher regelrechter Sturm
war der Angriff der Vitellianer, den uns Tacitus be-
schrieben hat: sein Angriffsobjekt ist der Tempel des
Juppiter. Der Juppitertempel stand demnach auf dem

südlichen Gipfel des Berges. In ältester Zeit führte
ausserdem eine in den Felsen gehauene Treppe vom
Markt zu der eigentlichen Burg hinauf. Sie kann ursprünglich keinen andern Zweck gehabt haben, als die
Verbindung mit dem alten Burgbrunnen (*tullianum*)
herzustellen, über welchem später das Staatsgefängniss,
heut bekannt unter dem Namen mamertinisches Gefäng-
niss, errichtet wurde. Die Burg im engern Sinne lag
also auf dem nördlichen Gipfel. Ein Angriff auf diesem
Pfade ist unmöglich. Wie man von einem Gipfel zum
andern gelangte, ist unbekannt: indess kann dies nur
auf Pfaden oder Treppen geschehen sein, die von beiden
Gipfeln in das Thal 'zwischen Capitolium und Burg' hin-
abführten. Erst später wird das Bedürfniss, von dem
schnell entwickelten gewerblichen Viertel am Tiber auf
direktem Wege zu dem grossen Tempel zu gelangen,
die Anlage einer weiteren Treppe, der 'hundert Stufen'
veranlasst haben. Die Eventualität einer zweiten Er-
oberung der Stadt, wie sie den Kelten gelungen war,
und damit die Nothwendigkeit für die militärische Sicherheit des capitolinischen Berges zu sorgen, trat mehr und
mehr in den Hintergrund. Endlich war es Sulla, der
Rom als offene Stadt erklärte und zugleich mit der Aufhebung des Rayongesetzes auch diejenigen Bestimmungen
aufhob, welche bis dahin das Areal des Tempelhügels der
Priesterschaft zur Nutzung überwiesen und den ganzen
Berg als Citadelle gegen den Anbau durch Private ge-
schützt hatten. Aber auch er hat thatsächlich die Unzu-
gänglichkeit des Berges aufrecht erhalten. Denn er sorgte
zwar durch die Errichtung des zweistöckigen Tabulariums
am Abhang des Berges zwischen beiden Gipfeln für die
Vermehrung der Kommunikationen, indem er mit äusserst
geschickter Benutzung des Raums in der Queraxe des
Gebäudes durch das untere Stockwerk desselben mäch-

tige Treppen vom Forum nach dem oberen, im Niveau
der Einsattelung des Berges gelegenen, führte, und in
entgegengesetzter Richtung darüber hinweg die Vorhalle
des Obergeschosses zu einer Verbindungsstrasse von
Gipfel zu Gipfel machte: aber eine zweite Fahrstrasse
hat er so wenig wie irgend ein Späterer gebaut und
niemals ist auch nur ein Fussweg angelegt worden nach
der Seite des Marsfeldes, der heutigen Stadt, welcher
nun die herrlichen Anlagen Michelangelos die ausgebrei-
teten Arme entgegenzustrecken scheinen.

Diese ganze, der Natur der Oertlichkeit entsprechende
und aus den Zeugnissen der alten Litteratur sich von
selbst ergebende Vorstellung würde umgestürzt und an ihre
Stelle ein Wirrsal von bodenlosen Vermuthungen gesetzt
werden, wollte man der bis vor Kurzem noch weitver-
breiteten Meinung folgen, dass das grosse Staatsheilig-
thum, der Tempel des höchsten Juppiter, genannt
Capitolium, statt auf dem südlichen Gipfel, der heut
Deutsches Besitzthum ist, auf dem nördlichen gestanden
habe, wo Kirche und Kloster Araceli jene stolze und
malerische Gebäudegruppe bilden, an deren Stelle die
Phantasie sich freilich gern das goldene Wunder Roms,
das heidnische Weltheiligthum denken mag. Aber glück-
licherweise haben auch hier wieder die Steine bestätigt,
was kunstgerechte und sprachgemässe Auslegung klarer
Zeugnisse als das Natürliche, ja allein Mögliche erkannt
hatte: das Capitolium stand an der Stelle des Palastes
Caffarelli, die Kirche Araceli nimmt die Stelle der eigentlichen Burg und ihrer Hüterin der Juno Moneta ein.

Es gehört zu den sichersten Thatsachen der ältesten
römischen Geschichte, dass das vielleicht aus Griechen-
land stammende, jedenfalls mit griechischer Kultur ver-
traute, in Südetrurien angesessene Geschlecht der Tarquinier einmal in Rom geherrscht, dass es nach der

Vereinigung der auf den sieben Hügeln angesiedelten
Stämme zu einer Stadt, nach der Befestigung derselben
durch eine Ringmauer, den Kultus ihres höchsten Juppiter verherrlicht hat durch den Bau eines mächtigen
Gotteshauses auf dem Burghügel, der gegen die Stadt
selbst streng abgeschlossenen Akropolis Roms. Dass tuskische Bauleute diesen Bau aufführten, tuskische Bildner
ihn mit Bildwerken aus gebranntem Ton schmückten ist
sicher: eine Erinnerung daran hat sich erhalten in dem
Namen der unterhalb des Berges in der Niederung lau-
fenden Tuskergasse, in welcher während der gewiss
nicht kurzen Zeit des Baus die Bauhütte und die Arbei-
terwohnungen gestanden haben, und wahrscheinlich in
der nicht lateinischen, wohl etruskischen Benennung ge-
wisser Höhlen, welche in der Nähe des Tempels in den
Felsgrund getrieben waren und zur Bergung von Tempelgut dienten: der vielbesprochenen *favisae*. Aber
wenn Bauherrn und Werkleute aus Etrurien gekommen
waren und nach Stil und Technik der etrurischen Hei-
math bauten, so war doch der Kultus, dem sie das
Haus errichteten, der römisch-latinische des höchsten
Juppiter. Das eigenste Erzeugniss des jungen römischen
Staatswesens war es, dass man dem grossen Gotte zu
Hausgenossinnen seine einzige Gattin Juno und die
Tochter Minerva, seines denkenden Willens Sinnbild,
gab. Denn die latinische, nicht etruskische Abkunft dieser
Gottheiten und den latinischen, weder etruskischen noch
irgend welchen uritalischen Ursprung ihres Sitzes, des
Capitolium, bezeugen wiederum die Namen unwiderleg-
lich. Was ausser dem etruskischen Hause diesem
römisch-latinischen Kultus an fremdem Prunk gebracht
wurde, verräth wiederum durch die Namen nicht etruskischen, sondern griechischen Ursprung und weist demnach auf den Ursprung der Tarquinier selbst hin: es ist

die Benennung der vom neuen Tempel ausgehenden
Götterprocession (*pompa*) und des zu ihm hinaufsteigen-
den Festeinzugs des siegreichen Feldherrn (*triumpus*).
Wenn vollends auch sonst auf dem weiten Gebiet der
Namen von Personen und Sachen, welche zu dem Dienst
des höchsten Gottes in Beziehung stehen, kein fremder
Eindringling zu finden, hingegen sehr wohl nachzuweisen
ist, wie die latinische und umbrische Minerva zu den
fremdsprachigen Etruskern gewandert ist, so ist damit der
Annahme des etruskischen Ursprungs des Capitolium
und seiner Götter der Boden entzogen.

Der höchste Juppiter beansprucht und empfängt
Dank und Huldigung von seinem Volk und dessen Freunden. Der siegreich heimkehrende Feldherr weiht ihm
den Kranz, hängt erbeutete Schilde an dem Gebälk
seines Hauses auf, stellt erbeutete Werthstücke und
Kunstwerke in den Zimmern, der Vorhalle und dem
grossen Hofe desselben auf: fremde Könige und Völker
bezeugen dem römischen Staat ihre Freundschaft durch
Uebersendung goldener Kränze aufs Capitol. Wie er
sich Juno und Minerva als Hausgenossinnen erkoren hat,
so gewährt er auch andern Gottheiten, den Manifesta-
tionen oder Trägern seines Wesens, wie der 'Staatstreue'
und der 'hilfreichen Helferin' Kultusstätten auf seinem
Hofe. Auch duldet er daselbst die Aufstellung von
Bildnissen hochverdienter Staatsbürger. In und um den
Tempel häufen sich so Trophäen und Denkmäler in
immer steigendem Masse, besonders nach den Siegen
über die Samniter, über König Pyrrhos und die Kar-
thager, indess Wind, Wetter und Blitzschlag an dem
alternden Gebäude rütteln. — Aber noch rang der Staat
um die Existenz: da, nach der Vertreibung des Landes-
feindes aus Italien, brachten die Siege über König Phi-
lippos und König Antiochos den Milliardensegen. Auf

4

einmal nehmen die städtischen Bauten einen unerhörten
Aufschwung: grosse Summen werden flüssig für den Bau
der städtischen Strassen und die damit verbundene Kanali-
sation, für die Herstellung von Landungsplätzen und Hafen-
quais, für die Ausschmückung des grossen Forums und
die Anlage des Esswaarenmarkts. Man mag sich eine
Vorstellung von den Gesammtkosten dieser Unterneh-
mungen machen, wenn man hört, dass die Säuberung
der alten und der Bau der neuen Kanäle allein gegen
5 Millionen Mark gekostet hat. Da schien es den Vätern
der Stadt und des Staats denn angemessen, auch das
Haus des höchsten besten Juppiter, der alle die Herr-
lichkeit gespendet hatte, zu bedenken. Aber freilich
war's auch hier mit Kleinem nicht gethan. Wir erfahren
zwar nicht die Summe die im Budget dafür ausgeworfen
wurde: aber die Ueberlieferung lässt noch erkennen,
dass der wohldurchdachte Plan einer Generalrestauration
in nicht weniger als 30 Jahren zur Ausführung gelangte.
Man hat zuerst die äussere Dekoration des in Mauer-
und Holzwerk intakten Gebäudes erneuert, mit den ab-
gängig gewordenen Trophäen, die die Façade des Tempels zu einer Trödlerbude gemacht hatten, aufgeräumt,
den Burgweg regulirt und dekorirt. Dann folgte die
umfassende Erneuerung des Innern; der alte Fussboden
von Ziegelestrich machte modernem Mosaikfussboden
Platz und die Decken erhielten den kostbaren Schmuck
der Vergoldung. Auch den ummauerten Tempelhof wird
man nicht haben leer ausgehen lassen: er erhielt wahrscheinlich wie der Burgweg eine Säulenhalle zur Zierde
und zum Schutz der zahllosen Besucher. — So völlig
erneuert hatte der alte Tarquinierbau wieder über 60
Jahre gestanden, als am 6. Juli d. J. 83 v. C., sei es
ein römischer Herostratos, sei es Blitzschlag, den ganzen
ehrwürdigen Oberbau in Asche legte. Das ungeheure

Balken- und Sparrenwerk des Daches muss mit seinem
Gewicht und seiner Gluth auch die Fussböden durch-
schlagen, den Einsturz der Wände veranlasst haben.
Bis in die Keller drang der Brand und vernichtete hier
die in Truhen verwahrten sibyllinischen Bücher — Rom
sah starr und hilflos in die rauchenden Trümmer; es
war ein Unglück für die Stadt und das Volk wie der
Brand von Sanct Paul vor dem Thore im Jahre 1823.
Aber die Riesenmauern des Unterbaus hatten der Zerstörung widerstanden und die Wiederherstellung des
Oberbaus, gefördert durch Sullas und seines Nachfolgers
Catulus Energie und die Theilnahme aller, selbst der
fernsten Freunde des Reichs, wurde nach vierzehn Jahren,
im J. 69 beendet und der neue Tempel unter grossem
Jubel und Festgepränge seinen himmlischen Bewohnern
und dem Opferdienste des Staats übergeben. Das ist
der Tempel, welchen als eine Gründung der Tarquinier
zur Zeit des Augustus der Grieche Dionysios also be-
schreibt: 'er war gestellt worden auf einen hohen Unterbau, 8 Plethren' (800 gr. F. $=$ 246,62 m) 'im Umfang,
jede Seite ungefähr' ('also', würden wir hinzufügen)
'200 Fuss' ($=$ 61,65 m); 'man wird eine kleine Differenz zwischen der Länge und Breite finden, noch nicht
ganz 15 Fuss. Denn der nach dem Brande zur Zeit
unserer Väter erbaute Tempel ist auf denselben
Grundmauern wieder aufgerichtet worden und unter-
scheidet sich von dem alten nur durch die Pracht des
Materials: an der nach Süden gerichteten Frontseite ist
er von drei Reihen Säulen gesäumt, an den Schmalseiten
von je einer; darin aber sind drei parallele Zimmer mit
gemeinsamen Wänden, in der Mitte das des Juppiter,
zu beiden Seiten die der Juno und der Minerva, unter
einem Giebel und einem Dach geborgen'. Man sieht,
dafs die Beschreibung der Hauptmasse wie der Orien-

tirung nur ungefähr ist und es ist natürlich mit der Differenz von 15 F. nicht sicher, noch weniger sicher mit den 800 Fuss zu rechnen; das heisst die Berechnung der Schmalseite zu 192½, der Langseite zu 207½ Fuss nach den gegebenen Ansätzen kann keinen Anspruch auf Genauigkeit machen. Wir können die wichtige Angabe über die Grundmauern dahin vervollständigen, dass nach des neuen Bauherrn eigener Angabe auch der Versuch, den unantastbaren Unterbau zu erhöhen durch Abtragen des umgebenden Bodens (anders sind die erhaltenen Worte nicht zu verstehen) daran scheiterte, dass, wie sich ergab, unter jenem Boden, und zwar wenig tief, die alten Behälter für Tempelgut, die besprochenen Favisen, noch vorhanden und nicht zu beseitigen waren. — Wir haben Kunde von weiteren Bränden, welche im Jahre 70 und im J. 80 n. C. zum zweiten und dritten Mal den Tempel vernichteten, aber auch Kunde davon, dass die Grundmauern wiederum erhalten blieben. Abermals erhob sich und zum drittenmal der neue Oberbau prächtiger als seine Vorgänger. Es ist ausdrücklich bezeugt, dass die Säulen des dritten Neubaus aus penthelischem Marmor gefertigt waren. Die Deckplatten des Dachs bestanden aus vergoldeter Bronze. Auf antiken Abbildungen erscheint er als ein sechssäuliger Tempel korinthischer Ordnung, sein Giebelfeld reich geschmückt mit der Darstellung der kapitolinischen Gottheiten, als der Beherrscher der Welt vom Aufgang bis zum Niedergang. Dieser Tempel hat unseres Wissens bis zum Untergange der antiken Welt im Wesentlichen unverändert gestanden. Mit dem 6. oder 7. Jahrhundert hüllt sich seine Geschichte in Dunkelheit. Der grosse Juppiter ist in seinem zuerst beraubten, dann verfallenden Hause in Schlaf gesunken wie Dornröschen: bis ins 15. Jahrhundert hinein umgiebt die umgesunkenen Marmorsäulen und geborstenen Wände wie eine undurch-

dringliche Hecke die Vergessenheit. Da beginnt es um
ihn her lebendig zu werden: unter den Augen der er-
staunten Gelehrten, die ihn in dieser Wildniss, zwischen
weidenden Ziegen, wiederentdecken, wird was noch übrig
ist, verschleppt, der Trümmerhaufen nach allen Richtungen hin durchwühlt; aber die alten Grundmauern der
Tarquinier rühren sich nicht. Kundige Werkmeister
prüfen ihre unzerstörbare Festigkeit und errichten auf
ihnen den Caffarellis jenen stolzen Palast, der seit Kurzem der Botschaft des deutschen Reichs gehört.

Von jeher hatten die Verfechter der richtigen Ansicht eine grosse Quadermauer an der Nordseite des
Gartens Caffarelli für den Rest des Juppitertempels gehalten, ja es war von Bunsen und besonders von Abeken,
welche dort heimisch geworden waren, einer Anzahl in
den Kellern des weitläufigen Gebäudes zerstreuter gleich-
artiger Reste von Quadermauern bereits einsichtsvoll
ihr richtiger Platz in dem Grundplan des Tempels an-
gewiesen worden. Diese Beobachtungen sind dann durch
die 1867 von Pietro Rosa, 1875, 1876 von Ridolfo Lanciani gemachten Entdeckungen, bei denen zuletzt auf
meine Veranlassung das deutsche archäologische Institut
gebührend betheiligt war, vervollständigt und bestätigt
worden. Es ist auch an dieser Stelle mit Dank hervor-
zuheben, dass S. Excellenz der deutsche Botschafter,
Herr v. Keudell, uns gern gestattete, sowohl vor der
Front des Palastes, als auch unter den im Bau begriffenen
neuen Stallungen Nachgrabungen zu veranstalten, dass
der Generaldirektor der Ausgrabungen Herr Fiorelli bei
den letzteren mit Rath und That sich betheiligt, endlich
dass der deutsche an den Neubauten des Palasts beschäf-
tigte Architekt, Herr Schupmann, sich allen technischen
Untersuchungen und dem Entwerfen der Pläne bereit-
willigst unterzogen hat. — Der ganze Palast ruht mit

scinem Garten, wie sich jetzt ergeben hat, auf einem Rechteck von völlig gleichartigen Mauern, welche aus Quadern des gelblichgrauen römischen Hügeltufs ohne jedes Bindemittel aufgeführt sind. Sie sind in den Felsboden des Berges eingebettet, erheben sich aber über das alte Niveau desselben bis gegen 5 m. Sie gehören sämmtlich dem Unterbau des grossen Tempels: die einzige jetzt noch sichtbare dieser Mauern an der Ostseite des Gartens, welche die angegebene Höhe erreicht, scheint in der ursprünglichen Höhe ganz erhalten zu sein. An ihrer Oberkannte sind die Spuren des ehemals darüber liegenden Fussbodens wahrgenommen worden. Das Rechteck liegt mit den Schmalseiten nach Süden und Norden, jedoch mit einer östlichen Abweichung von 24⁰ vom Meridian. Die südliche Schmalseite und die östliche Langseite hatten scharfe Mauerflucht. Die Grenze der westlichen Langseite liess sich theils aus den jetzt wieder zugedeckten Trümmern, welche im J. 1867 gefunden waren, ,theils durch Berechnung aus den Abständen der zu erörternden Quermauern sicher bestimmen. Dass die nördliche Schmalseite bis an den jetzigen Abhang des Hügels heranreichte, haben erst unsere letzten Nachgrabungen erwiesen. Danach sind die Masse des Rechtecks 51 × 74 m als gesichert zu betrachten; es ist ferner sicher dass die Aussenmauer des ganzen Rechtecks durchweg die kolossale Stärke von 5,60 m hatte. — Sowohl die vorausgeschickte Geschichte des Tempels als die technische Untersuchung der Trümmer lassen keinen Zweifel daran aufkommen, dass dieselben dem von den Tarquiniern errichteten, durch die Feuersbrünste des Oberbaus nicht zerstörten Unterbau angehören. Es ist von besonderer Bedeutung, dass mit Ausnahme eines Kalksteinfussbodens, von dem noch besonders zu sprechen sein wird, und mit Ausnahme der jetzt verschwundenen Marmorbekleidung,

in dem ungeheuren Gebäude einzig und allein das schlechte
Material des römischen Hügeltufs verwendet worden ist,
d. h. das in späterer Zeit höchstens in Verbindung mit
andern bessern Gesteinen verwendete Material der ältesten
Zeit. — Der Umfang des Rechtecks beträgt nun 250 m
und dieses Mass stimmt zu der annähernden Angabe des
Dionysios von 800 F. = 246,40 m so auffallend, die Angabe der Orientirung bei diesem weicht von der der
Ruine so unerheblich ab, dass diese Uebereinstimmung
allein genügen würde, in der Ruine den Unterbau des
Tempels zu erkennen. Aber es kommt anderes hinzu.
Zuerst heisst der Tempel im Volksmunde der 'grosse'
und ist in der That der grössete, wenn man von den
späten Riesenbauten des Hadrian und Aurelian absieht.
Die republikanischen Tempel am Forum erreichen kaum
die Hälfte seines Umfangs. Allein es ergab sich ausserdem noch dass die Mauern der Südhälfte des Rechtecks
ihrer Disposition nach nur dem Unterbau der Vorhalle
eines sechssäuligen Tempels gehören können. Diese bis
jetzt allein genauer untersuchte Hälfte umschloss ursprünglich zwischen ihren 5,60 m starken Aussenmauern
4 andere in der Richtung der Länge des Tempels von
etwas geringerer Dicke (4,00), alle parallel und in gleichen
Abständen von einander. Diese 6 Mauern haben die
6 mal 3 Säulen getragen, welche die Vorhalle des von
Dionysios beschriebenen Neubaus bildeten. Die Säulen
hatten demnach nicht weniger als 9,2 m Abstand von
Centrum zu Centrum: wahrscheinlich ist der Rest einer
dieser Riesensäulen (kannelirt, griechischer Marmor,
Durchmesser 1,80) noch erhalten. Man hat nicht ge-
nügend hervorgehoben dass aller Wahrscheinlichkeit nach
der heutige Garten des Palastes genau die Ausdehnung
der Vorhalle des Tempels hat, während der Palast, mit
einer geringen Abweichung der Frontrichtung von der

Front des Tempels offenbar ganz auf den Grundmauern des eigentlichen Tempelhauses steht. Aber nicht allein das: vielmehr hat ein Umbau des Palastes nach der Besitznahme durch die Botschaft ergeben, dass eine ganze Wand desselben aus den Werkstücken des Tempelunterbaus errichtet ist. Es ist endlich zwischen der östlichen Aussenmauer und der nächsten Parallelmauer ein sauber gearbeiteter Kalksteinfussboden gefunden worden, der vorn und seitlich (seine Erstreckung rückwärts konnte nicht konstatirt werden) von den umgebenden Mauern durch einen von Bauschutt ausgefüllten leeren Raum umgeben ist. Dieser Raum war ehemals wahrscheinlich durch eine starke Holzverkleidung jener Mauern ausgefüllt und diente zur Verwahrung von Schätzen irgend welcher Art. Dies wird um so wahrscheinlicher, als in die Oberfläche der Platte viereckige Löcher und schmale, von diesen nach den Rändern laufende Rinnen eingearbeitet sind, welche nur zur Befestigung von Stangen oder Zapfen mittels Bleiverlöthung gedient haben können. Auf solche Weise konnten hier leicht jene 'steinernen Laden' befestigt werden, in denen z. B. die sibyllinischen Bücher verwahrt lagen. Es ist dies ferner die einzige Stelle des weiten Trümmerfeldes, an welcher neben dem Tuf Kalkstein (Travertin) verwendet vorkommt. Nach unserer Ansicht über den Verlauf der grossen Brände muss die Legung dieses Fussbodens einer der Neubauten angehören. Aehnliche Räume werden in den Zwischenräumen zwischen den übrigen Parallelmauern nnd vielleicht noch grössere unter dem Tempelhofe selbst zu denken sein. Man wird zu ihnen durch eine wohl verwahrte Thür an der Rückseite des Unterbaus gelangt sein, ganz so wie zu den gleichen Zwecken dienenden Räumen unter dem grossen Tempel in Ostia; man muss aber bedenken dass diese im Unterbau belegenen Räume ebenso wie die

des erwähnten Tempels nicht oder nur sehr wenig unter
der alten Area lagen nnd daher schon aus diesem Grunde
mit den Favisen nichts gemein haben.

Endlich ist auch die östliche Grenze des grossen
ummauerten und mit Hallen umgebenen Tempelhofs unter
dem sogenannten Bogen des Vignola, durch welchen man
vom Capitolsplatz kommend die Strasse Monte Caprino
betritt, und weiter an der Südseite der Strasse Via di
Monte Tarpeo gefunden. Da nun im gleichen Abstand
von der Westseite des Tempels die äusserste Grenze des
festen Felsbodens läuft, jenseits derselben die Schuttan-
häufungen beginnen — alles westlich von dieser Linie
errichtete Mauerwerk, wenn es nicht ausserordentlich
tief fundamentirt wird, bekommt Risse und sinkt —, so
kann man sich einen Begriff von der Grösse des Tempelhofs machen.

Hiermit ist die topographische Frage, aber auch
nur diese, erledigt. Die Ueberreste des Tempels sind
gefunden, ihr Zustand ist mit den Angaben des Dionysios
in wesentlicher Uebereinstimmung. Es ist die Sache
weiterer Studien, wenn möglich, das Bild in den Rahmen
hineinzuzeichnen. Dies ist vor allem Sache der Architekten.
Aber wir können nicht umhin einige Schwierigkeiten
und Probleme als solche zu bezeichnen, den Weg zu ihrer
Lösung, soviel es an uns ist, zu ebnen.

So unumstösslich die Thatsache auch ist, dass der
Tempel des Domitian, wie der des Catulus, sechssäulig
war und dass wir die sechs Quadermauern der Vorhalle
des Tempels gefunden haben, so wird doch der dadurch
bedingte Säulenabstand von mehr als 9 m schwierig zu
erklären sein und die Zweifler vom reinsten Wasser,
welche sich selbst und leider oft auch anderen durch
Kopfschütteln bedeutend dünken, werden sich hastig an
diesen Strohhalm anklammern. Ist nun unsere Ansicht

über den Ursprung des Unterbaus gerechtfertigt — und
sie ist ja die Ansicht von Architekten, welche mit den
römischen Bauten vertraut sind —, so folgt, dass bereits
der tarquinische Tempel dieselbe Säulenweite gehabt hat.
Das Gebälk dieses Tempels war von Holz und eine Spur
führt darauf dass auch das Gebälk des Neubaus des
Catulus von Holz gewesen ist, mag man sich dasselbe nun mit Steinplatten verkleidet denken oder nicht.
Es mag die Frage aufgeworfen werden, ob dasselbe für
den Tempel Domitians anzunehmen erlaubt sei? — Was
ferner die Masse der Aussenmauern 51 × 74 anlangt, so
würde dies Verhältniss nicht zu dem überlieferten Verhältniss der Seiten in dem ursprünglichen und wie wir
wissen festgehaltenen etruskischen Grundschema stimmen,
und die ungefähre Angabe des Dionysios bestätigt, dass
auch der Neubau seiner Zeit nur die bei 800 Fuss Umfang verschwindend geringe Differenz der Seiten von etwa
15 Fuss aufwies. Wollten wir nun mit ihm für die Front
59 m statt der unzweifelhaft festgestellten 51, dagegen
für die Länge nur 63 statt der gefundenen 74 rechnen,
so würden wir irren, schon weil seine Ausdruckweise, wie
gesagt worden ist, diese genauen Ansätze nicht rechtfertigt.
Betrachten wir hingegen die 15 Fuss Differenz als eine
doch kaum beliebig zu multiplicirende Angabe, und
zählen sie zu der Frontlänge der Ruine mit 4,62 m
hinzu, so erhalten wir zu einer Front von 51 m eine
Langseite von 55,62 und es bliebe an der Hinterseite
des Tempels von dem Unterbau noch ein Raum von
18 m Tiefe frei, dessen Bestimmung einstweilen nicht
mit Sicherheit nachgewiesen werden kann. Damit hängt
aber eine zweite Frage aufs Engste zusammen. Die
Rückwand des Tempels, also auch des Unterbaus, kann
nicht unmittelbar an den Felsrand gestossen haben. Denn
der Tempel ist zu Wagen umfahren worden und 'hinter'

dem Tempel waren zu öffentlicher Kenntnissnahme gewisse vom Kaiser ausgefertigte Militärdiplome aufgehängt. Der Hof musste also den Tempel auch im Rücken umfassen. Da nun an der äussersten nordwestlichen Ecke die Steine des Unterbaus über dem hier senkrecht abfallenden Felsen, der früher irrig für den tarpejischen galt, hinausragen, so müsste dieser Absturz durch einen der vielen Bergrutsche späterer Zeit entstanden sein, von denen wir wissen, und die Glättung der Felswand zum Behuf von Neubauten zu Füssen des Berges erfolgt sein. — Wir heben diese Bedenken, die sich unmittelbar aus dem Zustand der Ruine ergeben, hervor, ohne ihre Lösung sicher herbeiführen zu können, aber auch ohne von irgend welcher Lösung die Erschütterung des wesentlichen topographischen Ergebnisses zu befürchten.

Wir dürfen von der Betrachtung dieser Trümmer nicht scheiden, ohne zu versuchen, auf dem nun wieder gefundenen echten Boden uns das Bild dieses Nationalheiligthums auch in seiner politischen Grösse wieder aufzurichten. — Wir denken uns an der Stelle der Strasse Monte Caprino in der ganzen Breite der Tempelfront eine Treppe von etwa 6 m Tiefe zu der Vorhalle hinaufführend, davor den grossen Brandaltar des Juppiter. Ihm gegenüber wird das Nachts geschlossene Thor des ummauerten Hofes, in das der Burgweg einmündet, sich befunden haben, dabei das Haus des Tempelhüters: hier wachten die Hunde und schlugen an, wenn schon mit Sonnenaufgang ein frommer Besucher Einlass begehrte. Die Rolle des Tempelhüters schien später der griechische Donnerer Zeus selbst, dem Augustus hier einen Tempel erbaute, zu übernehmen: wir müssen demnach seine Ueberreste am Abhang des Berges in den Trümmern suchen, auf denen die Terrassen des reizenden Gartens des jetzigen deutschen Hospitals sich aufbauen. — Wenn

rings um den Tempel Trophäen, Standbilder, Altäre aller
Art wetteifernd das Lob des höchsten Gottes und den
Dank des römischen Volkes verkündeten, so fehlt es
doch auch nicht an der Kehrseite des Glanzes und der
Freude. In unmittelbarer Nähe des Juppiter thronte im
eigenen Hause die Göttin der öffentlichen · Treue, Fides;
und wieder nicht weit davon führte eine immer offen
stehende Pforte auf eine Felsplatte, von der herab der
schwindelnde Blick in den Abgrund sah. Das war der
Ort — unter den Augen Juppiters und der Fides —
wohin man in ältester Zeit den Eidbrüchigen und den
treubrüchigen, durch Diebstahl an seinem Herrn zum
Verräther gewordenen Sklaven, später denjenigen, welcher
sich an der sacrosancten Person der Volkstribunen, endlich wer sich an der Majestät des Kaisers vergriffen
hatte, führte, um ihn jählings zu gewissem Tode in die
Tiefe zu stürzen. Das war der tarpejische Felsen. Man
zeigt ihn täglich den Fremden im Garten des deutschen
Hospitals und hat in langen Abhandlungen über seine
Lage gestritten. Allein es ist vergeblich, ihn zu suchen,
da die Bergrutsche zu allen Zeiten die Ränder des Berges
verändert haben. Nur das ist jetzt ausgemacht, dass er
sich nur auf der Südseite des Berges, nicht weit vom
Saturntempel befunden haben kann. Man mag ihn sich
denken, wo noch heute der Fels unter den Häusern
gegenüber der Consolazione schroff abfällt.

Der Tempelhof bietet trotz der Menge kleinerer
Heiligthümer und Denkmäler Raum genug, um eine nach
Tausenden zählende Menge aufzunehmen. Nicht die alljährlich wiederkehrenden Staatsfeste allein füllen ihn:
jeder Bürger kann ihn betreten, Gelübde thun und Gelübde lösen, auf den Stufen der Treppe sein Gebet, auf
dem Brandaltar sein Opferthier darbringen. Hat der
Knabe den Knabenrock abgelegt, hier bringt er seinen

Dank dar und alljährlich stellt sich hier die ins Heer
eintretende Mannschaft zum Eide. Aber die scharfe
Grenzlinie, welche das römische Volk zwischen Staats-
dienst und Gottesdienst, Staatsgut und Göttergut gezogen hat, ist auch hier nicht verwischt worden: der
Tempel und der Tempelhof sind des Gottes, sie sind
nicht geeignet, Rath und Volk zur Verhandlung über die
Staatsangelegenheiten aufzunehmen. Wohl wissen wir,
dass in der Zeit, in der bereits die Wogen der Demo-
kratie hoch gingen, die Volkstribunen die Versammlung
der plebejischen Gemeinde auf den Tempelhof geladen
und zu ihr gesprochen haben von den Stufen des Tempels. Mögen sie nun dazu den Rechtstitel gefunden
haben in ihrer sacrosancten Gewalt oder worin sonst:
es ist ein Bruch gewesen mit dem alten Recht, welches
dem unbewaffneten Volke verfassungsmässig das Comitium
und Forum zur Versammlung anweist. Wohl hören wir,
dass der Rath auf dem Capitol zusammentritt, statt im
Rathhaus: aber es lässt sich beweisen, dass dies stets
nur einmal im Jahr geschehen ist im Anschluss an das
grosse Staatsopfer, das die Consuln nach ihrem Antritt
dem grossen Juppiter zu bringen hatten. Es war eine
Festsitzung mit fester Tagesordnung, vielleicht nicht einmal im Hause des Juppiter selbst. Denn wir haben
schlechterdings nur die Wahl sie uns zu denken entweder in dem mittleren der drei parallelen Zimmer desselben, von denen Dionysios' spricht, in dem Zimmer des
Juppiter, oder in der Vorhalle des Tempels, und möchten diese letztere Annahme vorziehen, da jenes Zimmer
aller Wahrscheinlichkeit nach zu klein war, diese dagegen
an Raum dem Rathhaus Cäsars und dem Concordientempel, in welchem wie in andern Tempeln am Forum
in der letzten Zeit der Republik ausnahmsweise der Rath
getagt hat, fast gleichkam. Eine dritte Annahme, dass

ein besonderer Anbau hinter dem Tempel auch für Senats-
versammlungen bereit gestellt worden sei, ist auch durch
die früher angedeutete Beschaffenheit des Unterbaus zu
wenig gestützt, um überhaupt ernstlich in Erwägung gezogen zu werden. Es ist keine Aussicht vorhanden, über
diese Frage ins Klare zu kommen, so lange der Palast
Caffarelli auf dem Platze des Tempelhauses steht.

Wir haben in jenen Tagen, als der Palast mit seinen
Dependenzen für seine neue Bestimmung hergerichtet
wurde, Klagen vernommen, dass die Untersuchung, die so
wichtige Ergebnisse gehabt habe, auf einen befriedigenden
Abschluss fortan verzichten müsse. Aber wir setzen
voraus, dass Niemand ernstlich gehofft haben wird, den
Palast Caffarelli eines schönen Tages in Trümmer gehen
zu sehen. Hat sein Uebergang in deutsche Hände zur
Feststellung der Grenzen und eines wichtigen Theils des
Grundplans des Capitolium wesentlich beigetragen, so
dürfen sich Alle, denen dieser unverhoffte Ertrag will-
kommen ist, darüber freuen, wenn jetzt an festlichen
Tagen auf dem Dache des Hauses neben der Trikolore
Italiens die deutsche weht.